Mᵐᵉ G. COULON

Vice-Présidente
du Conseil général de la Ligue de l'Enseignement
et de " l'École pour l'École."

Enseignement Ménager

ÉCONOMIE DOMESTIQUE — HYGIÈNE

Préface de M. Ferdinand BUISSON

Cours Moyen

CERTIFICAT D'ÉTUDES

LIBRAIRIE HACHETTE

79, BOULEVARD SAINT-GERMAIN, PARIS

1922

2 fr.

Enseignement Ménager

ÉCONOMIE DOMESTIQUE. HYGIÈNE

Mme G. COULON

Vice-Présidente
du Conseil général de la Ligue de l'Enseignement
et de " l'École pour l'École "

Enseignement Ménager

ÉCONOMIE DOMESTIQUE — HYGIÈNE

Préface de M. Ferdinand BUISSON

Cours Moyen

CERTIFICAT D'ÉTUDES

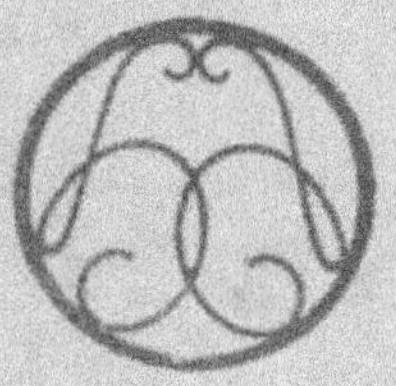

LIBRAIRIE HACHETTE

79, BOULEVARD SAINT-GERMAIN, PARIS

1922

PRÉFACE

L'auteur de ce petit volume s'était déjà fait connaître par une des plus belles œuvres qui aient suivi la guerre. « L'École pour l'École », dont Madame Georges Coulon fut l'inspiratrice, a été une grande leçon de choses, par où les enfants de toute la France ont appris quel bien ils pouvaient faire à ceux des régions dévastées.

Aujourd'hui, Madame Georges Coulon veut rendre un service plus direct encore aux jeunes filles de nos écoles. Elle a rédigé pour elles les pages qu'on va lire : pages touchantes par leur simplicité même et par la richesse des enseignements que l'auteur y donne. Ce qu'elle veut, elle n'a pas besoin de le dire : c'est simplement inspirer autrement et mieux que par des mots « le respect et l'admiration » pour la mère de famille, âme de la maison et providence de tous les siens.

Il n'est pas une des parties de ce court, sobre et clair manuel d'enseignement ménager qui n'offre, en termes d'une justesse et d'une précision parfaite, des leçons pratiques que nos filles n'oublieront pas.

Elles y puiseront un savoir nécessaire ; elles y apprendront aussi un art infiniment délicat : en semblant ne s'occuper que de ménage et de cuisine, elles auront trouvé le secret de faire régner un jour à leur propre foyer l'ordre, la joie et la santé, c'est-à-dire le bonheur.

Ferdinand BUISSON

ENSEIGNEMENT MÉNAGER
HYGIÈNE ET ÉCONOMIE DOMESTIQUE

I. — NOTIONS PRÉLIMINAIRES

1. Devoirs de la maîtresse de maison.

La tâche de la maîtresse de maison est l'une des plus belles qui soient, et l'on ne saurait avoir trop de respect et d'admiration pour la mère de famille qui la remplit dignement.

Par l'application des règles de l'*hygiène*, qui a pour but de protéger et d'améliorer notre santé, elle peut faire que ceux dont elle a la charge, et en particulier ses enfants, soient bien portants et robustes.

Par la connaissance que lui donnera l'*enseignement ménager*, elle apportera dans sa maison des habitudes de travail, d'ordre, de propreté et d'activité qui rendent l'intérieur sain et agréable.

Par l'*économie domestique*, elle apprendra à tirer le meilleur parti des ressources dont elle peut disposer. Elle saura établir son *budget* et régler ses dépenses de façon que celles-ci n'excèdent jamais ses recettes. Elle sera prévoyante et songera à la maladie possible, au chômage, à la mauvaise récolte, à tout arrêt accidentel de travail qui peut tarir momentanément les ressources de la famille. Elle saura donc garder pour l'imprévu une partie de l'argent qui rentre à la maison.

La bonne ménagère ne se laissera jamais entraîner à une dépense inutile et elle paiera comptant chaque jour les achats qu'elle s'efforcera de faire le plus économiquement possible.

Elle associera ses enfants à sa tâche et leur apprendra que, dans un intérieur modeste, nul n'a le droit de bénéficier d'un travail dont il ne prend pas sa part dans la mesure de ses forces. Filles et garçons ont le devoir de seconder la mère de famille dans les heures qu'ils ne consacrent pas à leurs études et dès qu'ils sont en âge de le faire. Ils apprendront qu'il n'est pas de travail inférieur et que toute besogne accomplie, utile à son prochain, est un travail méritoire.

Les filles apprendront la cuisine dont la connaissance est indispensable au maintien de la santé. Elles apprendront non seulement à préparer les aliments, mais aussi à connaître leur valeur nutritive.

Elles s'exerceront à la couture dès qu'elles seront en âge de tenir une aiguille. Leur savoir doit comprendre le raccommodage et la coupe; il doit comprendre aussi le blanchissage. Sous la direction de la mère de famille, elles appliqueront à la maison les notions d'enseignement ménager données à l'école.

Les garçons apporteront leur concours dans les travaux plus rudes et qui demandent plus de force. Tous travailleront avec bonne humeur. Ils observeront cette discipline qui est la base indispensable de tout travail en commun et qui doit être respectée sous la direction d'une autorité douce, ferme et raisonnée.

Questionnaire. — 1. Quel est le but de l'hygiène? — 2. Que nous apprend l'enseignement ménager? — 3. Que nous apprend l'économie domestique? — 4. Quelle part les enfants peuvent-ils prendre à l'entretien de la maison? — 5. Que doit faire la jeune fille pour devenir plus tard une excellente ménagère?

Devoir. — Dites ce que peut faire une fillette de 10 à 12 ans pour aider sa mère particulièrement les jours de congé.

2. — L'exactitude, l'ordre et la propreté.

La mère de famille doit apporter dans l'organisation de son travail beaucoup d'*exactitude*, sans quoi elle perd un temps précieux. L'emploi de sa journée doit être soigneusement fixé et elle doit être aussi économe de son temps que de son argent. Tout travail exécuté méthodiquement peut être fait rapidement, parce que la ménagère ne perd pas son temps en d'inutiles allées et venues.

La mère de famille doit veiller à l'*ordre*; elle pratiquera elle-même et fera pratiquer aux siens le vieil adage : « *Une place pour chaque chose et chaque chose à sa place* » complété par cet autre : « *Chaque chose en son temps* ». Car elle sait combien de temps est souvent perdu à chercher un objet indispensable qui n'est pas à sa place et quelle perte de temps résulte aussi du manque d'exactitude dans l'organisation de la journée.

Il faut que les enfants se rendent compte que *l'ordre est une simplification de la vie*, et que non seulement ils doivent ranger les objets usuels dès qu'ils ont fini de s'en servir, mais aussi qu'ils ne doivent rien déranger inutilement.

Le désordre est du temps gaspillé et l'on doit se rendre compte du prix du temps. *Deux minutes perdues dans la journée représentent une journée entière inutilisée à la fin de l'année.* Or, le temps que l'on économise est celui qu'on peut donner aux distractions et aux récréations, une fois la tâche indispensable accomplie.

La propreté la plus rigoureuse complète l'ordre. La propreté du logis le rend plus agréable tout en le rendant plus sain. La ménagère doit faire la chasse aux poussières et à toutes les souillures qui peuvent abriter des germes dangereux de maladies.

La propreté de notre corps et de nos vêtements est non seulement indispensable à la conservation de notre santé, mais elle est une marque de respect de nous-mêmes et de notre dignité personnelle.

Enfin, la propreté la plus rigoureuse doit être exigée pour tout ce qui touche à notre nourriture, principalement en ce qui concerne les ustensiles et récipients de la cuisine qui doivent être entretenus avec beaucoup de soin.

Questionnaire. — 1. Quelles sont les trois qualités essentielles d'une bonne ménagère ? — 2. Quels sont les avantages de l'exactitude, de l'ordre ? — 3. Comment les enfants peuvent-ils s'habituer à l'ordre ? — 4. Pourquoi le logis doit-il être tenu très proprement ? — 5. Pourquoi faut-il veiller soigneusement à la propreté de notre corps et de nos vêtements ?

Devoir. — Montrer par des exemples que *l'ordre ménage le temps et conserve les choses.*

Exercices pratiques. — Ranger soigneusement sa boîte à ouvrage, sa pochette de couture, le contenu de sa serviette d'écolière. — Recouvrir ses livres. — Confectionner un protège-cahier.

II. — HYGIÈNE GÉNÉRALE

3. — Le soleil, l'air et l'eau.

La mère de famille doit connaître les règles générales de l'hygiène pour les appliquer dans toutes les parties de l'enseignement ménager.

Les trois auxiliaires indispensables de l'hygiène sont : le *soleil*, l'*air* et l'*eau*.

Le soleil. — Par la lumière et la chaleur qu'il répand, le soleil est une source de vie pour les plantes comme pour les animaux. Nous savons que les plantes qui poussent à l'ombre sont étiolées et décolorées.

Par son action sur la peau, le soleil agit sur tout notre organisme, active la circulation du sang et fortifie les tissus. Il détruit en quelques heures les germes des maladies infectieuses, en particulier ceux de la *tuberculose* qui peuvent survivre dans les coins obscurs, mais qui ne résistent pas à l'action du soleil qui est le plus puissant des antiseptiques.

La ménagère doit donc faire pénétrer le soleil le plus largement possible dans le logis familial. « *Là où le soleil entre, le médecin n'entre pas,* » dit un proverbe italien. Elle doit savoir aussi que le soleil a un effet bienfaisant sur la gaieté et la bonne humeur de ceux qui sont soumis à son action.

L'air. — Comme le soleil, l'air nous fournit des éléments indispensables à l'entretien de la vie, mais il importe qu'il soit aussi pur que possible. L'*oxygène*, qui entre pour une grande part dans la composition de l'air, excite l'activité de notre organisme dans lequel il pénètre par la respiration. Il est indispensable à toute combustion, qu'il s'agisse du feu de notre poêle, de la lumière de notre lampe ou de la chaleur de notre corps. Dans notre corps, l'oxygène brûle les aliments que nous absorbons et qui sont à notre organisme ce qu'est le charbon à la machine à vapeur.

Mais les résidus de cette combustion forment un gaz dangereux qui est le *gaz carbonique* dont nous exhalons par la bouche 15 à 20 litres en 24 heures. Si donc plusieurs personnes séjournent longtemps dans une pièce sans que l'air soit renouvelé, celui-ci est profondément vicié et malsain parce qu'il ne contient plus la quantité d'oxygène suffisante. D'où la nécessité de renouveler souvent l'air du logement.

Il ne faut pas oublier non plus qu'il est recommandé d'entr'ouvrir la fenêtre de notre chambre à coucher pendant la nuit, à la condition de nous couvrir chaudement. Nous passons le tiers de notre vie au lit : il est essentiel que pendant notre sommeil nous respirions un air pur.

L'eau. — L'eau est l'élément indispensable pour entretenir la propreté de notre corps, de notre logement et de notre linge. Elle nous débarrassera de toutes les impuretés sur nous et autour de nous.

Elle a un rôle capital aussi dans les fonctions de notre vie. L'eau que nous buvons pénètre dans tous nos tissus ; elle lessive l'organisme et entraîne au dehors les principes contraires à notre santé. Elle ne peut remplir utilement son rôle qu'à condition d'être parfaitement pure. Nous verrons plus loin comment on peut l'empêcher d'être contaminée et comment on peut la purifier quand elle est souillée.

Questionnaire. — 1. Quelle est l'action bienfaisante du soleil sur notre organisme ? — 2. Pourquoi l'air est-il indispensable à la vie et à la santé ? Que savez-vous du rôle de l'oxygène de l'air ? — 3. Pourquoi faut-il renouveler souvent l'air du logement ? — 4. Quelle est l'utilité de l'eau ? — 5. Quel est le rôle de l'eau dans les fonctions de notre vie ?

Devoir. — Montrer que pour vivre et se bien porter il faut respirer de l'air pur.

Exercices pratiques. — Ouvrir les fenêtres de la classe pour renouveler l'air. — Calculer la quantité de gaz carbonique que les élèves de la classe exhalent en une heure. — Calculer le volume de la classe et trouver en combien de temps l'air en serait rendu impropre à la respiration en admettant qu'une personne vicie 10 mètres cubes d'air environ par heure. — Dans la cour de récréation, aspirer profondément de l'air par le nez en fermant la bouche ; faire plusieurs mouvements respiratoires.

---

4. — Les maladies infectieuses et les microbes.

L'hygiène nous apprend comment nous pouvons nous défendre contre les maladies et rendre notre organisme plus fort et plus résistant. L'hygiène de notre corps, de nos vêtements, de notre logement et de notre alimentation nous aidera à nous défendre contre les dangers qui menacent notre santé. Le rôle de la mère de famille est donc de première importance dans la lutte contre la maladie.

Nous devons en particulier nous défendre contre les germes des maladies telles que la *tuberculose*, la *fièvre typhoïde*, la *diphtérie*, la *scarlatine* et bien d'autres encore plus ou moins dangereuses.

Ces germes ne sont pas autre chose que des êtres infiniment petits que nous ne pouvons voir qu'à l'aide de puissants microscopes. Un centimètre cube de l'air que nous respirons en contient des millions.

Ces êtres microscopiques sont les *microbes* qui se déve

loppent surtout dans les milieux malpropres, dans les poussières de l'air et aussi dans l'eau qui n'est pas parfaitement pure (fig. 1).

Pour nous défendre contre eux, une rigoureuse propreté s'impose.

Tous les microbes ne sont pas dangereux. Certains même nous aident à lutter contre les germes des maladies infectieuses qui peuvent pénétrer dans notre organisme et s'y développer en grand nombre en y répandant des toxines.

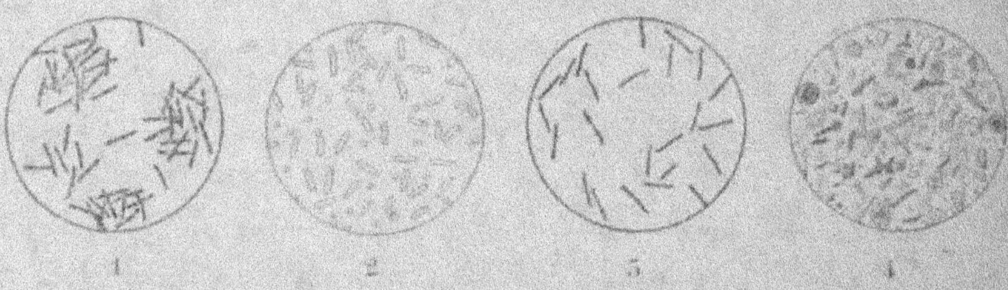

FIG. 1. — PRINCIPAUX MICROBES DE L'AIR.

1, microbes de la tuberculose ; 2, microbes de la fièvre typhoïde ; 3, microbes de la diphtérie ; 4, poussières de l'air.

Grossissement 1500 fois pour les 3 premiers et 200 fois pour le quatrième.

Ces toxines, entraînées dans le sang, vont léser les organes et peuvent causer de graves désordres parfois mortels.

Les germes de la *fièvre typhoïde* sont souvent transmis par l'eau que nous buvons quand elle est contaminée. La *diphtérie* et la *tuberculose* sont transmises par les gouttelettes de salive qu'un individu malade peut projeter à un individu sain en parlant ou en toussant ; elles sont transmises aussi par les crachats desséchés qui peuvent se trouver dans les poussières.

Notre corps se défend lui-même contre ces germes envahissants, mais il faut pour cela qu'il soit sain et vigoureux. Les microbes dangereux ne se développent que s'ils trouvent un terrain favorable, c'est-à-dire si notre organisme est faible et maladif.

La lutte contre les maladies contagieuses exige donc que nous vivions dans un milieu parfaitement propre et salubre et que nous nous efforcions de rendre notre organisme fort et vigoureux.

Questionnaire. — 1. Citez quelques maladies contagieuses, d'où proviennent-elles ? — 2. Parlez des microbes. — 3. Comment pénètrent-ils dans notre organisme ? — 4. Où se développent-ils particulièrement ? — 5. Comment l'hygiène nous permet-elle de lutter avantageusement contre les maladies infectieuses ?

Devoir. — Montrer comment on peut offrir aux microbes dangereux un terrain défavorable à leur développement.

Exercices pratiques. — Faire bouillir de l'eau, puis l'aérer en la battant. — Montrer des liquides désinfectants : eau de Javel, eau phéniquée, sublimé.

---

5. — La tuberculose.

Parmi toutes les maladies d'origine microbienne, la *tuberculose* est une des plus fréquentes et des plus meurtrières : elle cause chaque année la mort d'un grand nombre d'individus.

Elle est produite par l'envahissement de l'organisme par un microbe, désigné sous le nom de *bacille de Koch*, qui produit de petites excroissances ou *tubercules* sécrétant une matière purulente qui amène la destruction des tissus envahis.

La tuberculose peut se développer dans toutes les parties de notre corps, mais ce sont les poumons qu'elle attaque le plus fréquemment.

Or, cette maladie, qui produit de si affreux ravages, est *évitable* et *guérissable*, pourvu qu'on sache comment s'en préserver et qu'on la soigne dès que les premiers symptômes se manifestent.

La tuberculose *n'est pas une maladie héréditaire*, mais elle est contagieuse et se transmet par les crachats et les gouttelettes de salive ainsi que nous l'avons déjà vu. Elle peut se transmettre également par le lait de vaches tuberculeuses, d'où la nécessité de faire toujours bouillir le lait.

Nous devons aussi faire une guerre acharnée à la répugnante et dangereuse habitude de cracher par terre : si les malades ont besoin de cracher, ils doivent le faire dans de petits crachoirs de poche contenant un liquide antiseptique ;

Puis, il faut soigner le malade, le placer dans un milieu d'une rigoureuse propreté, lui faire respirer un air pur et l'exposer le plus possible à l'action bienfaisante des rayons du soleil. C'est à la campagne que le malade se trouvera dans les meilleures conditions pour sa guérison. Chez l'enfant, il faudra prévoir la maladie, la *dépister* et donner les soins nécessaires dès que sa santé paraîtra atteinte.

Nous avons déjà vu que les microbes n'attaquent que les tempéraments faibles et débiles. Le microbe de la tuberculose n'échappe pas à cette règle : la mère de famille s'efforcera donc d'appliquer chez elle les règles d'hygiène les plus sévères et de donner aux siens, par une bonne nourriture, un organisme robuste.

Questionnaire. — 1. D'où provient la tuberculose? — 2. Dans quels organes se développe-t-elle le plus généralement? — 3. Comment se propage-t-elle? — 4. Quelles précautions doit-on prendre pour l'éviter ou pour la guérir? — 5. Que veut dire : *dépister* la maladie?

Devoir. — Montrer l'importance de cette recommandation inscrite dans beaucoup d'endroits publics : « *Prière de ne pas cracher.* »

Recommandations *publiées sur l'avis du Comité permanent de défense contre les épidémies et de la Société de préservation contre la tuberculose.*

Il est expressément recommandé de ne pas cracher sur la voie publique pour prévenir tout danger de propagation de la tuberculose et d'autres maladies contagieuses.

La tuberculose est plus évitable que beaucoup d'autres affections contagieuses, le phtisique n'étant dangereux que par ses crachats qui renferment par milliers le germe de la maladie, le bacille de la tuberculose.

Desséchés, mélangés aux poussières, les crachats des phtisiques portent partout le bacille tuberculeux.

Ce bacille attaque tous les organes, mais frappe de préférence les poumons, dans lesquels il pénètre avec l'air de la respiration (poitrinaires, phtisiques).

Tout crachat est suspect, car, à première vue, rien ne prouve qu'il ne contient pas de bacilles.

Malgré sa gravité, la tuberculose est guérissable à tous les degrés.

Moyens de préservation :

1° *Contre les germes provenant des crachats :*

Le crachoir hygiénique ;
La désinfection des appartements, linges, vêtements, etc. ;
La suppression du balayage à sec ;
La protection des substances alimentaires contre le dépôt des poussières.

2° *Contre les germes provenant des animaux tuberculeux :*

L'ébullition ou la stérilisation du lait ;
La cuisson suffisamment prolongée de la viande.

3° *Contre la prédisposition :*

Une bonne hygiène qui permette à nos organes de conserver vis-à-vis des microbes le pouvoir de résistance que leur feraient perdre le surmenage, les excès, les intempéries atmosphériques, l'insalubrité du logement et surtout l'alcoolisation.

III. — HYGIÈNE DU CORPS

6. — Soins quotidiens de propreté.

La propreté de notre corps est indispensable au maintien de notre santé.

La peau qui recouvre le corps respire et absorbe les principes vivifiants de l'air extérieur. Elle est percée d'une infinité de petits trous imperceptibles par où s'échappe aussi la transpiration (fig. 2).

Par cela même qu'elle sécrète une humidité un peu grasse, la peau retient les poussières qui nous entourent et les malpropretés avec lesquelles elle est en contact. Il se forme un enduit qui bouche les pores : la peau transpire mal et ne respire plus.

Notre principale toilette doit se faire le soir avant de nous coucher afin de nous débarrasser des poussières et impuretés accumulées sur notre peau pendant la journée. Il importe que nous soyons au lit, où nous passons de longues heures, dans des conditions d'hygiène et de propreté absolues.

Notre matériel indispensable se composera de deux gants de toilette en tissu éponge, d'une serviette éponge et d'une serviette plus douce, d'une cuvette, d'une brosse à dents, d'une brosse à ongles, d'un peigne et d'une brosse à tête. Nous ne nous servirons jamais d'éponges, car elles sont d'un nettoyage difficile et peuvent emmagasiner des germes de maladies. Il importe de se déshabiller avant de faire sa toilette afin de faire prendre à tout le corps un large bain d'air.

L'eau chaude est préférable pour mieux nettoyer la peau. Avec le premier gant légèrement enduit de savon, nous nous nettoierons la figure, le cou, les bras et les mains et, après rinçage, nous nous frotterons avec la serviette douce pour bien sécher la peau.

Avec le second gant, nous nous laverons les pieds et les jambes si facilement encrassés par les poussières du sol et nous nous nettoierons toutes les parties qui auraient pu être salies par les fonctions de notre corps. Nous nous sécherons à la serviette éponge. La toilette du soir constituera une économie de temps pour le matin et il nous suffira de passer de l'eau fraîche sur la figure en nous levant.

FIG. 2. — COUPE DE LA PEAU CHEZ L'HOMME.

a, épiderme ; b et c, glandes.

L'ordre étant le complément de la propreté, nous devons prendre soin de plier nos vêtements ou les suspendre avant de nous coucher. Le linge de corps sera étendu sur le dos d'une chaise afin qu'il s'aère et que toute trace de transpiration disparaisse. L'hygiène recommande, en effet, de ne pas se coucher avec le linge que l'on a porté pendant la journée.

toilette du soir? — 5. Comment devons-nous ranger nos vêtements avant de nous coucher?

Devoir. — Détailler les fonctions de la peau et montrer pourquoi il importe que rien ne les entrave.

Exercice pratique. — Faire un gant de toilette.

---

7. — Bains, douches; emploi de l'eau froide.

Bains et douches. — Le lavage quotidien constitue un minimum de toilette. Afin d'assurer la parfaite propreté de notre corps, le lavage quotidien doit être complété.

A défaut de bain complet ou de bain-douche, il est indispensable de faire un lavage général et un large savonnage sur tout le corps, à la brosse, dans un grand baquet contenant de l'eau tiède ou chaude; le baquet qui sert au savonnage du linge peut être employé à cet usage.

Le bain complet et le bain-douche doivent être pris deux heures au moins après les repas, afin de ne pas troubler la digestion; leur température sera environ de 37 degrés, ce qui est la température de notre corps. On s'assure de la température de l'eau en y trempant le bras qui ne doit éprouver ni une sensation de froid ni une sensation de vive chaleur. On trempe le bras et non la main parce que celle-ci, subissant plus facilement la température extérieure, n'est pas toujours à la température du corps et se refroidit facilement.

Emploi de l'eau froide. — Nous avons dit que l'eau chaude est préférable pour le nettoyage de la peau, mais l'eau froide a une action stimulante et fortifiante. Elle nous aguerrit contre les variations de la température et nous rend plus robustes.

L'usage de l'eau froide consiste en un rapide arrosage du corps dans un grand baquet avec de l'eau à la température de la chambre.

Cet arrosage se fait soit avec un pot quelconque, soit simplement avec le gant éponge. Il doit être extrêmement rapide. Il faut, pour le pratiquer convenablement, que notre corps soit dans un état de chaleur suffisant pour *réagir* immédiatement, c'est-à-dire pour que nous sentions la chaleur se rétablir rapidement, à la suite d'une vigoureuse friction.

Mais l'usage de l'eau froide, excellent pour les tempéraments résistants, doit être interdit aux tempéraments débiles qui ne se réchauffent pas immédiatement après l'application de l'eau froide. On l'interdira principalement à ceux dont les bronches paraissent menacées ainsi qu'aux rhumatisants.

En résumé, l'usage de l'eau froide, bon d'une façon générale, doit être fait avec prudence et discernement.

Questionnaire. — 1. Comment se pratique le lavage général du corps, complément du lavage quotidien ? — 2. A quelle température et combien de temps après le repas doit se prendre un bain ? — 3. En quoi consiste l'ablution froide ? — 4. Quelle sensation doit-on éprouver à la suite d'une ablution froide et d'une forte friction ? — 5. Quelles précautions exige l'emploi de l'eau froide ?

Devoir. — Expliquer en quoi se différencient un bain de propreté, un bain-douche, une ablution froide.

Exercices pratiques. — S'exercer à reconnaître à la main la température d'une eau chauffée. — Montrer un gant éponge.

8. — Soins à donner aux mains, aux pieds et aux cheveux.

Soins des mains. — Les mains sont souvent obligées de toucher à des objets malpropres, ne serait-ce que pour nettoyer ces objets. Elles seront soigneusement savonnées chaque fois que nous avons terminé un travail salissant. Il faut les laver aussi lorsque nous avons à toucher ce que nous devons manger afin de ne pas risquer d'introduire des germes dangereux dans notre appareil digestif.

Les ongles doivent toujours être tenus très propres, le noir de l'ongle pouvant abriter des microbes.

La propreté des mains est d'ailleurs un signe de bonne tenue et chacun doit y apporter toute son attention.

Soins des pieds. — Les pieds doivent être soignés comme les mains. Il faut veiller à ce qu'ils ne soient pas blessés par la chaussure, et si des écorchures ou des ampoules se produisent, il faut les soigner de suite, car les blessures du pied sont souvent longues à guérir. Les pieds seront entretenus dans un parfait état de propreté. En été, la transpiration des pieds exhale parfois une odeur malséante qui ne peut être évitée que par des lavages fréquents et par la propreté des chaussettes et des bas. Les chaussures de toile qui permettent l'évaporation de la transpiration remplacent avantageusement en été les chaussures de cuir.

Les ongles des pieds doivent être coupés carrés et très courts afin qu'on puisse les nettoyer facilement.

Soins des cheveux. — Les cheveux seront brossés matin et soir avec une *brosse personnelle* afin qu'aucune maladie du cuir chevelu ne puisse se transmettre d'une personne à une autre.

On ne doit jamais les enduire d'une matière grasse ou *pommade* qui n'est d'aucune utilité et a l'inconvénient de retenir les poussières. Il faut les laver de temps en temps au savon blanc et à l'eau. Le cuir chevelu sera soigneusement nettoyé et frotté. Après le rinçage, une friction vigoureuse avec la serviette sèche rendra le séchage des cheveux plus rapide.

Lorsque les cheveux doivent être coupés par le coiffeur, on exigera de lui qu'il *flambe* son instrument c'est-à-dire qu'il l'expose à la flamme d'une lampe afin de détruire les germes qui pourraient transmettre certaines maladies contagieuses du cuir chevelu.

Questionnaire. — 1. Pourquoi faut-il prendre grand soin de la propreté de ses mains et de ses ongles ? — 2. Pourquoi dit-on que la propreté des mains est un signe de bonne tenue ? — 3. Avez-vous déjà remarqué que des mains malpropres salissent tout ce qu'elles touchent ? — 4. Pourquoi les pieds doivent-ils être tenus très propres ? — 5. Quel est l'inconvénient des pommades et cosmétiques ?

Devoir. — Indiquer les soins à donner à la chevelure.

Exercices pratiques. — Préparer une décoction de bois de Panama pour le lavage de la tête (50 grammes pour 1 litre d'eau). — Nettoyer une brosse à cheveux, un peigne. — Se laver les mains. — Se curer les ongles.

---

9. — Soins à donner aux dents, aux oreilles, au nez et à la gorge.

Soins des dents. — Les dents nous sont indispensables pour bien mastiquer notre nourriture et pour faciliter le travail de la digestion.

Elles doivent être tenues dans un grand état de propreté si nous voulons les conserver.

Les débris de nourriture, restés entre les dents, fermentent avec une grande rapidité et produisent des acides dangereux pour l'émail qui protège l'ivoire de la dent. Celle-ci se détériore et elle est envahie par la carie, maladie d'origine microbienne, qui amène la destruction de la dent par une action lente et continue (fig. 3 et 4).

Il importe donc que nos dents soient parfaitement nettoyées après les repas, particulièrement le soir pour que le travail de destruction ne s'accomplisse pas pendant la nuit. Pour le nettoyage des dents, nous devons nous servir d'une brosse dure, tenue toujours parfaitement

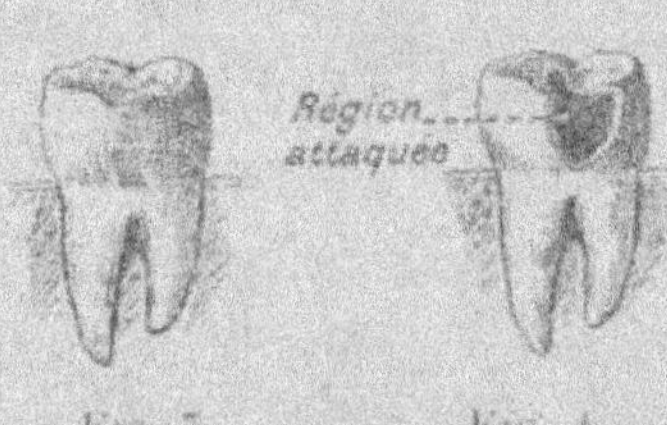

FIG. 3.
DENT SAINE.

FIG. 4.
DENT CARIÉE.

propre. Avec cette brosse, enduite de savon blanc ou de poudre de craie, nous brossons les dents dans tous les sens, intérieurement et extérieurement et aussi de bas en haut, sans crainte de frotter les gencives; un rinçage à l'eau dentifrice ou à l'eau boriquée termine le nettoyage.

Il importe de ne jamais casser de corps durs avec les dents, car cela pourrait en briser l'émail.

Il faut faire appel aux soins du dentiste dès que les dents se détériorent.

Soins des oreilles. — Les soins à donner aux oreilles consistent surtout dans l'enlèvement des matières grasses qui forment le *cérumen* et qui peuvent retenir les poussières.

Le coin roulé et humide d'une serviette introduite dans l'oreille suffit pour la nettoyer.

On ne doit jamais se servir d'objets durs et pointus qui pourraient blesser le tympan.

Soins du nez et de la gorge. — Le maintien de notre santé exige que nous respirions largement par le nez et non par la bouche. Le passage de l'air par les narines le réchauffe et arrête les impuretés dont l'air est saturé grâce aux petits poils dont les narines sont tapissées.

Or, il arrive quelquefois que le nez et la gorge des enfants sont obstrués par des excroissances spongieuses, appelées *végétations adénoïdes*, qui empêchent le passage de l'air par le nez (fig. 5). C'est là un état maladif auquel il faut remédier le plus promptement possible.

Il faut aussi remédier immédiatement aux inflammations qui peuvent se produire dans la gorge, particulièrement dans les *amygdales*, ces inflammations pouvant gagner les bronches. Elles peuvent aussi atteindre l'appareil auditif et amener la surdité. Il est donc indispensable de faire appel aux soins du médecin en cas de végétations adénoïdes ou d'inflammation de la gorge.

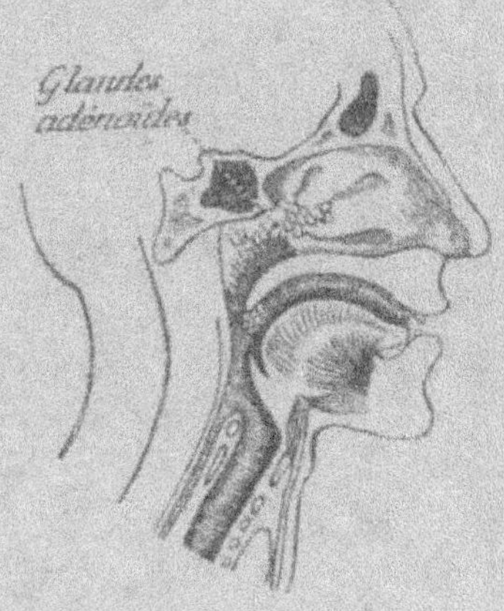

FIG. 5. — VÉGÉTATIONS ADÉNOÏDES.

Questionnaire. — 1. Pourquoi les dents se détériorent-elles et quels soins faut-il leur donner? — 2. Comment nettoyer les oreilles? — 3. Comment convient-il de respirer? — 4. Pourquoi un enfant atteint de végétations adénoïdes a-t-il toujours la bouche ouverte? — 5. Quelle conséquence peut avoir l'inflammation des amygdales?

Devoir. — Résumer les soins qu'il faut donner aux dents.

Exercices pratiques. — Montrer comment on se brosse les dents. — Montrer comment on se cure les oreilles.

10. — Les parasites de l'homme.

Les poux. — Les poux sont des parasites de la chevelure qui se multiplient avec une extrême rapidité. Ils sont la marque d'une répugnante malpropreté pour ceux qui en sont atteints, exception faite pour ceux qui ont pu en contracter par accident dans le voisinage d'individus porteurs de ces parasites.

Leurs piqûres amènent d'insupportables démangeaisons et le cuir chevelu se couvre de pustules et de croûtes. L'inflammation peut même s'étendre plus loin et il n'est pas rare de voir la présence de poux amener de pénibles complications de santé. On a préconisé plusieurs remèdes pour la destruction des poux, parmi lesquels l'emploi de vinaigre chaud. Le remède le plus efficace est le suivant dont une seule application suffit :

> Liqueur d'Hoffmann) 10 grammes de chaque
> Xylol . . . .) produit.

Mais il faut avoir soin de détruire les œufs ou *lentes* qui sont solidement accrochés aux cheveux. Lorsqu'on veut procéder à un nettoyage sérieux, le mieux est de commencer par couper les cheveux. Mais toutes ces précautions sont inutiles si les personnes atteintes de parasites vivent dans un milieu malpropre où elles se contaminent à nouveau. D'où la nécessité d'appliquer au logement et aux soins du corps les règles de la plus scrupuleuse propreté. Il convient surtout de ne jamais échanger sa coiffure avec celle d'un camarade.

La gale. — La gale est, comme la présence des poux, le résultat de la malpropreté qui favorise la multiplication des parasites. Elle ne peut guérir spontanément, mais elle ne résiste pas à des frictions d'eau et de savon noir, suivies d'une application de pommade soufrée pour laquelle l'avis du médecin est nécessaire.

La teigne. — La teigne est une maladie causée par un parasite des plus contagieux. Elle se manifeste surtout chez les enfants débiles et malpropres. Elle attaque particulièrement le cuir chevelu et peut laisser, après guérison, des plaques dépourvues de cheveux. Il faut donc la soigner dès qu'elle apparaît et prendre les conseils du médecin.

Questionnaire. — 1. Pourquoi les poux sont-ils répugnants et dangereux ? — 2. Comment peut-on s'en débarrasser ? — 3. Comment peut-on s'en préserver ? — 4. Parlez de la gale. — 5. Parlez de la teigne.

Devoir. — Quels sont les signes extérieurs d'une chevelure mal soignée et, en particulier, infestée de parasites ?

IV. — HYGIÈNE DU VÊTEMENT

11. — Choix des tissus
et forme des vêtements.

Les tissus qui nous servent pour nos vêtements sont d'origine animale (laine et soie), ou d'origine végétale (coton et toile).

Le choix des tissus. — Les tissus de laine sont ceux qui nous protègent le mieux contre le froid. Nous ne parlerons pas des tissus de soie qui, par leur prix élevé, sont forcément un objet de luxe.

Les tissus de coton et de toile servent à faire notre linge de corps et nos vêtements d'été. Le coton est préférable à la toile parce que, lorsqu'il est mouillé par la transpiration, il ne donne pas sur la peau l'impression de froid que donne la toile. Il a d'ailleurs l'avantage d'être moins coûteux.

La nature de nos vêtements doit être toujours en rapport avec la température extérieure. Leur couleur n'est pas indifférente non plus. Les couleurs foncées absorbent les rayons solaires et conviennent mieux par conséquent l'hiver que l'été. Inversement, les tissus de couleur claire se laissent moins facilement pénétrer par la chaleur et sont préférables dans la belle saison.

Nous devons éviter de trop nous couvrir en hiver afin de nous aguerrir contre le froid. Méfions-nous donc des tissus trop épais et trop lourds.

La forme des vêtements. — Les vêtements doivent être assez amples pour assurer la liberté de tous les mouvements et ne gêner ni la respiration, ni la circulation du sang, ni le fonctionnement de la peau dont nous connaissons l'importance.

Nous éviterons tout ce qui comprime une partie quelconque de notre corps : les vêtements trop ajustés et trop serrés ; chez les filles : les corsets trop durs et trop étroits ; chez tous : les jarretières qui gênent la circulation du sang dans les jambes ou les chaussures étroites qui compriment et peuvent blesser les pieds.

La ménagère soucieuse d'économie doit établir, à chaque renouvellement de saison, le budget des vêtements de la famille. Il n'est pas nécessaire d'avoir de nombreux vêtements de rechange, mais il importe qu'ils soient de bonne qualité. L'économie bien comprise commande de mettre un prix plus élevé à des étoffes de tissu solide et de couleur résistante qu'à des étoffes de moins bonne qualité qui ne feront pas autant d'usage. Nous économiserons d'ailleurs le prix d'une façon en employant des étoffes de longue durée.

Questionnaire. — 1. Quels sont les différents tissus qui servent pour nos vêtements ? — 2. Que savez-vous des tissus de laine, de coton, de toile ? — 3. Montrez que la couleur des vêtements est à considérer en raison de la saison. — 4. Quels inconvénients ont les vêtements trop ajustés et trop étroits ? — 5. L'économie bien comprise conseille-t-elle d'acheter des étoffes bon marché et pourquoi ?

Devoir. — Quels vêtements portez-vous en hiver, en été ?

Exercice pratique. — Faire reconnaître sur des échantillons les étoffes de soie, de laine, de toile, de coton.

12. — La couture.

Dès que la fillette est en âge de tenir une aiguille, elle doit s'exercer aux travaux de couture et de raccommodage.

Avant de se mettre à l'ouvrage, elle prend tout ce qui lui est nécessaire : son dé, ses ciseaux, ses aiguilles, son fil, le tout soigneusement rangé dans une petite boîte ou une pochette, les aiguilles étant piquées sur une flanelle pour ne pas se rouiller ou s'égarer. La petite ouvrière doit avoir les mains bien propres afin de ne pas salir son ouvrage.

Elle veillera à son maintien afin de ne pas se pencher dans une attitude défectueuse ou fatigante.

Tout d'abord elle enfile son aiguille qui doit être, comme le fil, proportionnée à la grosseur de l'étoffe ; chaque aiguillée ne doit pas avoir plus de 60 centimètres.

Le premier travail de la fillette peut être le point de marque sur du gros canevas. Elle peut également essayer sur le même canevas les points de couture les plus faciles de façon à s'exercer à faire des points réguliers.

Elle doit apprendre à reconnaître les différentes parties de l'étoffe : l'*endroit* qui est le beau côté de l'étoffe ; l'*envers* qui en est la partie la plus irrégulière ; le *droit fil* qui s'étend entre les deux lisières qui forment le bord de l'étoffe ; le *biais* qui est la partie oblique de l'étoffe repliée à angle droit. Une petite ouvrière soigneuse doit *bâtir* son ouvrage, c'est-à-dire relier provisoirement les étoffes à coudre par un léger point qui les empêche de se déplacer quand on les coud.

Les différents points de couture. — Les points plus usités sont : le *point devant*, le *point arrière*, le *point de piqûre*, le *point d'ourlet*, le *point de surjet* et le *point croisé*.

Le point devant réunit deux parties d'étoffe en glissant le point en avant à intervalles réguliers; il s'emploie surtout dans les étoffes légères (fig. 6).

Le point arrière est beaucoup plus solide que le point

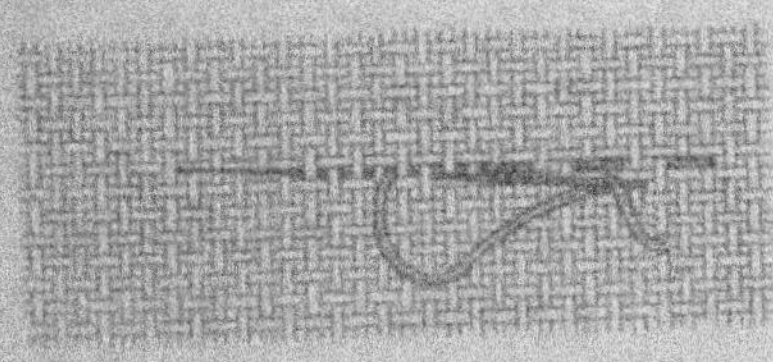

FIG. 6. — LE POINT DEVANT.

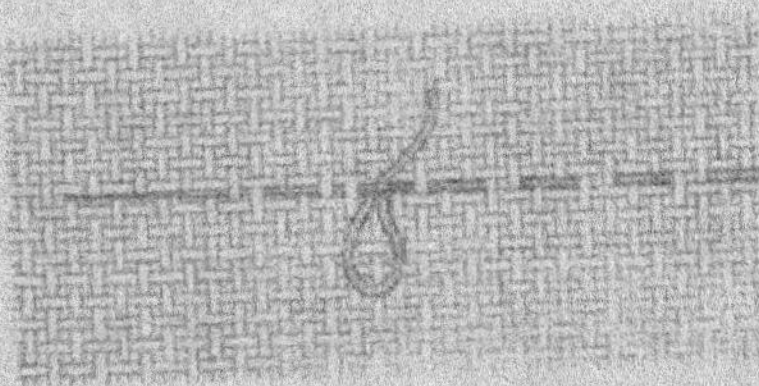

FIG. 7. — LE POINT ARRIÈRE.

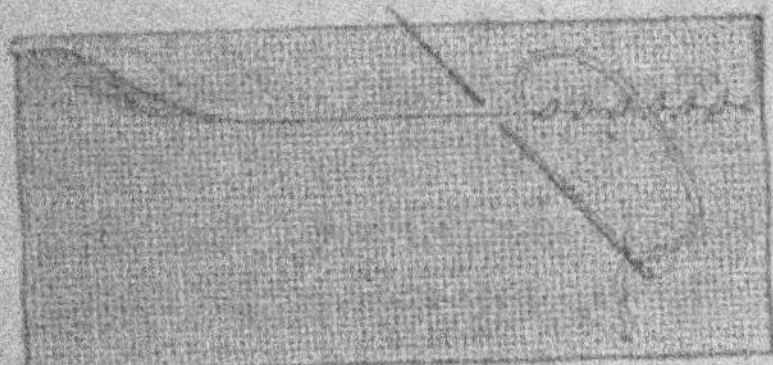

FIG. 8. — LE POINT D'OURLET

FIG. 9. — LE POINT DE SURJET

de devant : après avoir piqué l'aiguille et l'avoir fait ressortir en avant avec le fil, on repique l'aiguille en arrière de façon à doubler le point (fig. 7).

Le point de piqûre est un

FIG. 10. — LE POINT CROISÉ.

point arrière qui doit être parfaitement régulier et symétrique ; aucun intervalle ne doit exister entre deux de ces points.

Le point d'ourlet sert à fixer un double repli de l'étoffe destiné à empêcher celle-ci de s'effilocher sur le bord : il se fait obliquement de bas en haut, à cheval sur le repli de l'étoffe (fig. 8).

Le point de surjet sert à réunir les lisières de deux étoffes (fig. 9).

Le point croisé sert à remplacer le point d'ourlet dans

les étoffes épaisses où l'ourlet se fait sans repli ; il sert à rabattre les coutures dans les mêmes étoffes (fig. 10).

Les différentes coutures. — On emploie le plus ordinairement : la *couture simple*, la *couture anglaise* et la *couture rabattue*.

La couture simple réunit deux morceaux d'étoffe, soit par un point devant, soit par un point arrière, soit en alternant les deux.

La couture anglaise est double. Après avoir passé un premier point devant *à l'endroit* sur le bord des deux étoffes, on les retourne et on fait un point arrière de façon à enfermer la première couture.

La couture rabattue se fait d'abord comme une couture simple à point arrière de préférence en laissant légèrement dépasser l'étoffe de dessous. On écarte les deux étoffes quand la couture est facile et on replie le dépassant qu'on coud comme un ourlet.

Questionnaire. — 1. Quels sont les objets nécessaires à la petite couturière ? — 2. Quels doivent être ses premiers exercices préparatoires à la couture ? — 3. Que veut dire : *bâtir son ouvrage de couture*? — 4. Énumérez les points de couture les plus usuels. — 5. Énumérez les principales coutures.

Devoir. — Montrer par des exemples l'économie qu'une ménagère réalise en confectionnant elle-même certaines pièces de lingerie au lieu de les acheter toutes faites.

Exercice pratique. — Faire reconnaître l'envers et l'endroit d'une étoffe ainsi que le sens du droit fil.

------

13. — Le raccommodage ; la layette.

Le raccommodage est indispensable pour assurer la durée du linge et des vêtements. Un petit trou se transforme rapidement en un grand s'il n'est réparé à temps.

Le linge doit être soigneusement raccommodé après chaque blanchissage; il en est de même des bas et des chaussettes.

Les reprises. — On peut reconstituer la trame d'un tissu dans lequel il s'est produit un trou à l'aide de reprises en passant à l'envers de l'étoffe du fil plat, du coton ou de la laine suivant la nature de cette étoffe. On emploie des aiguilles spéciales plus longues que des aiguilles ordinaires.

On ébarbe d'abord le trou à réparer et on le coupe régulièrement en rectangle. Puis on commence le travail dans le sens de l'étoffe, à un centimètre ou deux de la partie usée suivant la

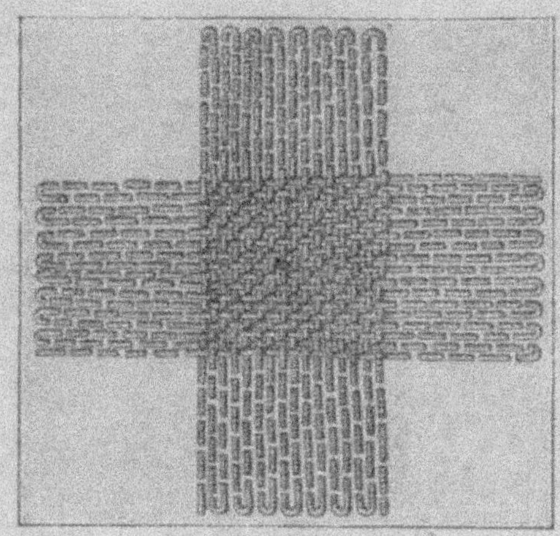

FIG. 11. — REPRISE EN CROIX SUR UN TROU.

grandeur du trou. On fait alors des points de devant en ligne droite très régulièrement et, lorsqu'on arrive au trou, on le traverse d'un bord à l'autre pour former le premier fil de la trame. Lorsque ce premier travail est terminé, on fait de même dans l'autre sens pour croiser les points en les alternant soigneusement de façon à reconstituer le tissu régulièrement (fig. 11).

Les pièces. — Lorsque l'étoffe est trop usée pour être reprisée, on remplace la partie mauvaise par un morceau d'étoffe plus solide mais, de préférence, usagée et de même tissu. On coupe la partie à remplacer en suivant le fil de l'étoffe. On fait à chaque angle de la partie coupée une entaille en biais et on replie à l'envers les bords coupés aux angles (fig. 12). On coupe alors le morceau de remplacement de même forme que la partie enlevée mais d'un ou de deux centimètres plus grand et on replie l'étoffe au bord de celle à réparer, soit par une couture, soit par un surjet (fig. 13).

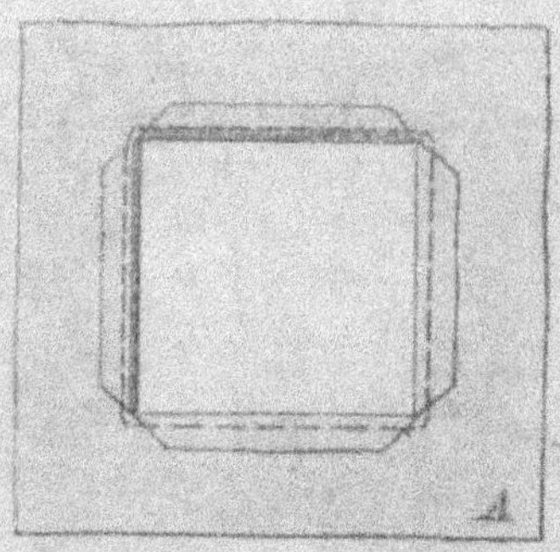

FIG. 12. — PRÉPARATION DE LA PIÈCE.

FIG. 13.
LA PIÈCE.

On rabat l'étoffe rapportée, on la replie et on la fixe sur l'autre par un point d'ourlet. Les étoffes de laine se rabattent sans repli, par un point croisé.

La pose des pièces demande beaucoup de soin et de précision.

La future ménagère doit s'appliquer de bonne heure à confectionner des vêtements. Dans du linge ou des vêtements hors d'usage, on peut trouver des morceaux assez bons pour faire du linge ou des robes d'enfant et commencer son apprentissage de couturière. Dans un ménage modeste rien ne doit se perdre.

La layette. — Les objets de layette comprennent tout

FIG. 14. — PETITE CHEMISE.

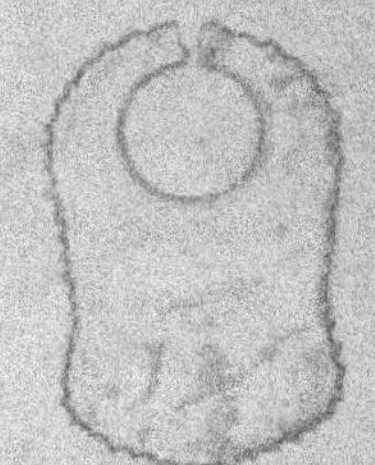

FIG. 15. — BAVOIR.

d'abord les *couches* qu'on fait souvent dans de vieux draps; les *petites chemises* (fig. 14) qui doivent être en tissu très doux et pour lesquelles le linge usagé convient très bien ; de *petites brassières* chaudes en flanelle ; des *couches-culottes* qui sont déjà plus difficiles à faire ; de *petites robes* et des *bavoirs* (fig. 15) qui donneront l'occasion d'apprendre quelques points de broderie, en particulier le feston.

Puis la fillette s'exercera à confectionner ses propres affaires : chemises, pantalons, jupons, robes ou tabliers. Elle devra apprendre à faire elle-même tout ce qui lui est nécessaire ; elle réalisera ainsi une notable économie, car elle pourra employer de bonnes étoffes durables, dont elle ne trouverait pas l'équivalent dans des vêtements achetés tout faits.

Questionnaire. — 1. Montrez l'importance du raccommodage du linge. — 2. Que convient-il de faire tout d'abord avant de commencer une reprise ? — 3. A quelles conditions une pièce est-elle bien mise ? — 4. Que doit on faire des vêtements hors d'usage ? — 5. A quel moment le linge doit-il être soigneusement visité et réparé ?

Devoir. — Énumérer les principaux objets de layette que peut confectionner une fillette.

Exercices pratiques. — Faire faire une reprise. — Faire mettre une pièce.

---

14. — Soins à donner aux vêtements.

Soin des vêtements. — Le linge protège notre corps contre les poussières de l'extérieur. Il doit être fréquemment lavé et changé.

Sauf pour les personnes âgées et délicates, il faut ne pas s'habituer à porter des gilets de flanelle, dont il est difficile de se passer une fois qu'on les a adoptés. La flanelle entretient la moiteur de la peau et l'empêche de s'accoutumer à supporter l'action de l'air.

Nous avons dit qu'il fallait éviter de trop se couvrir

afin de s'aguerrir contre le froid. L'habitude de porter des vêtements trop chauds rend frileux.

Les vêtements doivent être entretenus avec la plus scrupuleuse propreté sans laquelle celle de notre corps serait compromise

Les vêtements de laine que nous portons à l'extérieur seront soigneusement brossés.

Filles et garçons apprendront à recoudre les boutons, car rien ne donne un aspect désordonné comme des vêtements attachés avec des épingles.

Nous ne devons pas non plus supporter que des taches salissent nos vêtements.

Taches de graisse. — Les taches de graisse s'enlèvent avec de l'eau additionnée d'une cuillerée à café d'alcali pour un verre d'eau. La tache est ensuite rincée à l'eau claire. On peut aussi frotter les taches de graisse avec la benzine.

Taches de peinture. — Les taches de peinture s'enlèvent avec de l'essence de térébenthine et, lorsqu'elles sont anciennes, elles doivent d'abord être frottées à l'alcool.

Taches de bougie. — Les taches de bougie s'enlèvent en humectant l'étoffe d'eau ou d'alcool et en grattant légèrement la tache. Il faut éviter l'emploi du fer chaud passé sur un papier buvard, qui a l'inconvénient de remplacer une tache de bougie par une tache de graisse.

Taches de vernis. — Les taches de vernis s'enlèvent à l'alcool.

Taches de vin et de fruits. — Sur les étoffes lavables, elles s'enlèvent en mouillant légèrement la place tachée et en la tenant jusqu'à disparition de la tache au-dessus de vapeurs de soufre en combustion.

A chaque fin de saison, les vêtements inutilisés doivent

être soigneusement rangés après avoir été brossés et exposés au soleil. Les vêtements de laine peuvent être endommagés par de petits vers ou *mites* qui les mangent (fig. 16). Pour s'en défendre, le mieux est de plier les vêtements en mettant du papier de journal entre deux épaisseurs de lainage : l'odeur de l'encre d'imprimerie éloigne les insectes. On enveloppe ensuite le paquet de vêtements dans d'autres journaux en le fermant aussi hermétiquement que possible.

Soin des chaussures. — L'entretien des vêtements est complété par celui des *chaussures*. Celles-ci, débarrassées de la boue et de la poussière, sont légèrement enduites de cirage et brossées vigoureusement. Elles doivent être nettoyées chaque jour.

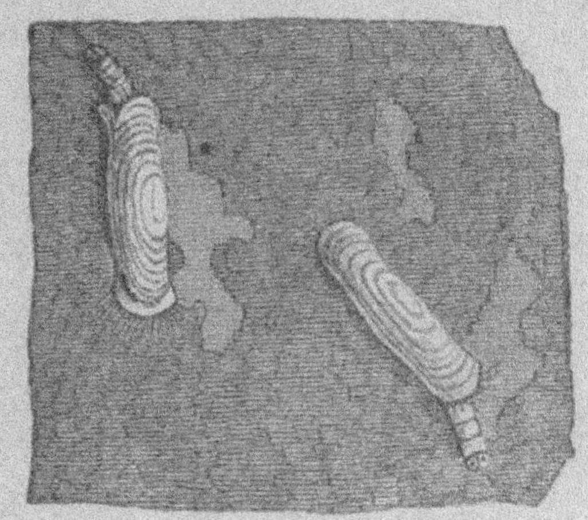

Fig. 16. — Mites.

Lorsque les chaussures ne sont pas constamment portées, on enduit le cuir de beurre ou de graisse pour l'empêcher de se racornir.

Les chaussures mouillées doivent être bourrées de papier ou de chiffon pour les empêcher de se déformer en séchant, et dressées verticalement pour que la semelle sèche en même temps que le dessus. On ne doit pas les faire sécher au feu, ce qui durcirait le cuir.

Questionnaire. — 1. Pourquoi faut-il ne pas s'habituer à porter directement sur la peau des vêtements de flanelle? — 2. Pourquoi faut-il éviter de trop se couvrir ? — 3. Quels soins doit on prendre pour l'entretien de ses vêtements? — 4. Comment ranger les vêtements de laine pour les préserver des mites ? — 5. Quels soins doit-on prendre des chaussures ?

Devoir. — Comment enlève-t-on les principales taches qui peuvent souiller les vêtements ?

Exercices pratiques. — Enlever une tache de graisse ou de peinture. — Faire indiquer la composition d'une boîte de nettoyage pour chaussures. — Faire plier convenablement certains vêtements destinés à être rangés en fin de saison.

---

15. — Blanchissage du linge et des flanelles.

Le linge. — Le blanchissage à la maison a une grosse importance à cause de l'économie qu'il réalise et aussi au point de vue de la conservation du linge qui s'use beaucoup moins vite, quand c'est la ménagère qui fait elle-même son blanchissage (fig. 17).

Les objets à laver sont d'abord triés de façon à séparer le linge fin du gros linge plus sale, tabliers de cuisine et torchons.

Fig. 17. — Blanchissage familial du linge.

Le linge fin est mis à tremper pendant quelques heures dans l'eau tiède. Il en est de même du gros linge qui est mis à part dans un autre récipient.

Puis on procède à l'*essangeage* qui consiste à bien savonner le linge en commençant toujours par le plus fin et en le laissant imbibé de savon. On prépare alors la *lessiveuse* que tout ménage doit posséder. On met dans l'appareil, sous le double fond, 250 grammes de cristaux de soude pour une lessive moyenne; on verse dessus un peu d'eau, puis le double fond étant fixé avec le champignon, on range le linge autour du tube central en commençant par le gros linge et en finissant par le linge fin. On verse alors une quantité d'eau correspondant à la moitié du contenu de la lessiveuse et l'on met sur le feu après avoir ajusté le couvercle.

On compte deux heures à partir du moment où l'eau entre en ébullition et coule par le champignon; on retire alors la lessiveuse du feu et on la remplit d'eau bouillante.

Lorsque le linge est encore tiède, on le rince largement, on le passe dans une eau légèrement bleue et on l'étend immédiatement.

Lorsqu'il est sec, on le visite et on met de côté celui qui est à raccommoder.

Puis on repasse le linge après l'avoir humecté de nouveau. On empèse à l'amidon les chemises d'homme, les cols et les chemisettes de femme.

Les flanelles. — Les objets de flanelle et de laine blanche se lavent dans une eau de savon mousseuse et chaude dans laquelle on les laisse tremper environ une demi-heure; ou les presse à plusieurs reprises, on les replonge dans l'eau savonneuse et on les rince à l'eau assez chaude pour qu'on puisse juste y tenir la main. Lorsque le blanchissage des flanelles est fait soigneusement, celles-ci ne doivent jamais rétrécir ni durcir. Les objets de flanelle ne sont jamais mis à la lessive.

Questionnaire. — 1. Pourquoi est-il avantageux de faire à la maison le blanchissage du linge? — 2. Comment prépare-t-on le linge destiné à la lessive? — 3. Comment prépare-t-on la lessiveuse? — 4. Combien de temps la lessive doit-elle bouillir? — 5. Comment dispose-t-on le linge pour qu'il sèche vite? Indiquez votre manière de faire.

Devoir. — Expliquer comment se fait le blanchissage de la flanelle.

Exercices pratiques. — Faire laver de petites pièces de linge (mouchoirs, serviettes) — Faire un bleu et faire mettre au bleu. — Faire l'amidonnage d'un col. — Montrer une lessiveuse; en expliquer le fonctionnement.

---

16. — Nettoyage et teinture des étoffes.

Étoffes de laine. — Les étoffes de laine *foncée* se lavent dans une décoction de bois de panama *chaude* qu'on prépare à raison de 100 grammes de bois par litre d'eau et qu'on fait bouillir.

On presse les étoffes sans les frotter et on les laisse tremper pendant plusieurs heures. Puis on les rince à l'eau chaude; on les laisse égoutter et on les enveloppe dans un linge pour les repasser humides.

Les étoffes de laine *claire* se lavent à l'eau de savon comme les flanelles en ajoutant une cuillerée à café d'alcali par litre d'eau.

Étoffes de soie. — Les étoffes de soie se lavent généralement assez mal parce qu'elles perdent leur apprêt. On peut cependant laver les soies noires dans une décoction de thé; on les repasse humides. Les soies de couleur *claire* ou *blanche*, comme le foulard ou le crêpe de Chine, peuvent se laver à l'eau de savon *tiède*; on les rince à l'eau *tiède* et on les repasse quand elles sont encore humides. Les autres soies peuvent se nettoyer à la benzine ou à l'essence minérale.

Teinture des étoffes. — Les teintures peuvent rendre de grands services dans un ménage modeste et sont beaucoup plus faciles à faire qu'on ne se l'imagine généralement.

Un paquet de teinture, comme on en trouve maintenant dans le commerce, suffit pour 8 à 10 litres d'eau. On compte un paquet par demi-kilogramme d'étoffe à teindre. Quand l'eau nécessaire est mise dans le récipient (qui peut être la lessiveuse ou une grande bassine), on met ce récipient sur le feu; on ajoute 2, 3 ou 4 cuillerées de sel de cuisine suivant la quantité de liquide et on remue vivement avec un bâton. Il faut avoir bien soin que l'étoffe à teindre soit très propre : il faut donc la laver au besoin avant l'opération et enlever toutes les taches. On la plonge alors humide dans le récipient qu'on laisse sur le feu et on tourne constamment l'étoffe avec un bâton. Au bout d'une heure, on retire le récipient du feu et on laisse l'étoffe refroidir dedans. On rince à plusieurs eaux, on sèche à l'ombre et on repasse humide.

La laine, la soie et le coton peuvent être teints de cette manière. Il faut naturellement que l'étoffe à teindre soit de couleur plus claire ou de même couleur que la teinture employée.

Le récipient qui a servi à la teinture peut être facilement nettoyé avec du savon minéral.

Questionnaire. — 1. Comment lave-t-on les étoffes de laine foncée et les étoffes de laine claire ? — 2. Comment lave-t-on les étoffes de soie ? — 3. Pourquoi fait-on sécher à l'ombre les étoffes de laine et de soie ? — 4. Pourquoi les repasse-t-on à l'état humide et non pas seulement humectées comme les autres étoffes de soie et coton? — 5. Montrer les avantages qu'il y a pour une ménagère à savoir teindre les étoffes.

Devoir. — Expliquer comment on peut teindre les étoffes.

Exercice pratique. — Faire repasser une petite pièce de linge de coton après l'avoir humectée.

V. — HYGIÈNE DE L'HABITATION ET HYGIÈNE DU MOBILIER

17. — Choix du local. — Désinfection préalable.
Loyer, bail, impôts.

Choix du local. — Le choix du local a une influence considérable sur la santé de ceux qui l'habitent.

Le logement doit recevoir autant que possible les rayons du soleil, être largement aéré et ne pas être humide.

Les habitants d'une ville trouveront plus facilement et plus économiquement ces conditions dans les faubourgs que dans le centre de la ville.

On doit réserver une assez forte part du budget pour le logement. On compte pour l'habitation environ un sixième des ressources totales du ménage, mais cette proportion varie naturellement avec le nombre d'occupants. Il est utile que le logement comporte une cave pour les provisions de vin, de pommes de terre et de charbon, qui achetées en gros, permettent de réaliser une notable économie sur l'achat au détail.

Désinfection préalable des différentes pièces. — Lorsqu'on change de logement, il importe de s'assurer de la propreté des papiers, des peintures et des planchers de la nouvelle habitation et d'exiger du propriétaire les réparations nécessaires.

Comme on ne connaît pas l'état de santé du précédent locataire, on doit toujours procéder à la désinfection des locaux afin d'éviter les contagions possibles, principalement en ce qui concerne la tuberculose.

La désinfection des planchers et des boiseries s'obtient en les lavant avec un mélange antiseptique de 500 grammes de crésol savonneux et de 10 litres d'eau, ou mieux encore avec de l'extrait d'eau de Javel mélangé à cinquante fois son poids d'eau. Pour compléter ce lavage, on peut faire brûler du soufre dans la pièce à désinfecter, après avoir bouché toutes les ouvertures, à raison de 40 grammes de soufre par mètre cube d'espace. On peut aussi utiliser la bougie de formol qui se trouve dans toutes les pharmacies.

Loyer, bail, impôts. — Il est utile lorsqu'on loue un logement d'échanger un engagement écrit avec le propriétaire et de ne pas s'en tenir à un engagement verbal qui pourrait amener des difficultés.

Le mieux est de faire un bail sur papier timbré en double exemplaire, contenant les engagements réciproques des deux parties. Le bail stipule le prix et la durée de la location. Il doit être enregistré à l'administration de l'enregistrement dans les trois mois qui suivent la date de l'entrée en jouissance.

Les impôts qui sont à la charge du locataire se paient ordinairement tous les trois mois. La ménagère prévoyante devra adopter ce mode de paiement pour n'avoir pas une trop forte somme à débourser à la fois.

Questionnaire. — 1. Le choix du logement est-il important et pourquoi? — 2 Quelles sont les conditions essentielles que doit présenter un logement? — 3. Quel est l'avantage d'avoir une cave? — 4. En quoi consiste un bail? — 5. Quel est le meilleur mode de paiement des impôts qui sont à la charge du locataire?

Devoir. — Dire comment on procède à la désinfection d'une habitation.

Exercices pratiques. — Astiquer un bouton de porte. — Nettoyer une boiserie.

---

18. — Le mobilier de l'appartement. — Les privés.

Le mobilier. — Le logement étant choisi et occupé, il s'agit de le rendre agréable. Là encore, la maîtresse de maison devra montrer toutes ses qualités d'ordre et de propreté.

Elle veillera, au moment de son installation, à n'avoir aucun meuble inutile afin que l'entretien soit facile et elle n'accumulera pas sur les meubles et les cheminées d'inutiles bibelots qui sont de véritables nids à poussière. Au mur, quelques belles gravures qu'on peut maintenant se procurer à si bon marché, et sur la cheminée, avec les objets indispensables, un vase destiné à recevoir des fleurs, compléteront ce qu'il convient d'avoir dans la pièce.

La chambre à coucher. — Les chambres à coucher doivent être autant que possible exposées au soleil. Elles recevront des lits métalliques en fer ou en cuivre facilement nettoyables et qui ne peuvent servir de refuge à des animaux parasites comme cela se produit avec les lits en bois.

Pour les grands lits, la literie se compose d'un sommier, d'un traversin avec oreiller de crin ou de plumes et de deux couvertures de laine ou de coton, le tout en parfait état de propreté.

Dans la chambre principale, le grand lit doit être placé

au milieu, la tête du côté du mur, ce qui permet de faire le lit sans le déplacer. Aucun rideau ne doit l'entourer afin que l'air circule librement et que la poussière ne puisse pas être retenue par les étoffes.

Les fenêtres seules peuvent recevoir des rideaux d'étoffe lavable. Un couvre-pied, de même étoffe, recouvrira le lit et protégera la literie.

Autant que possible, le parquet des chambres ne sera pas recouvert de tapis de laine, difficiles à tenir toujours propres. Des nattes de Chine pourront servir de descente de lit.

La salle à manger. — La pièce où l'on mange doit avoir un buffet pour y serrer la vaisselle. La table qui sert au repas doit être garnie d'une toile cirée recouverte, aussitôt le repas terminé, d'un tapis lavable.

Après chaque repas, la fenêtre sera ouverte quelques instants pour renouveler l'air de la pièce.

Les privés. — Cette partie du logement doit être particulièrement bien entretenue afin qu'aucune odeur désagréable ne puisse se dégager. La cuvette sera lavée chaque fois que cela sera nécessaire et la fenêtre entr'ouverte.

Un sac accroché dans les *privés* servira à mettre le linge sale, qu'on ne laissera jamais séjourner dans les chambres; à défaut d'autre pièce, les privés serviront pour le brossage des habits et le nettoyage des chaussures qu'il faut éviter de faire dans une pièce habitée et surtout dans la cuisine.

Questionnaire. — 1. Pourquoi le logement familial ne doit-il contenir aucun meuble inutile? — 2. Comment peut-on rendre agréable chacune des pièces du logement? — 3. De quoi se compose une literie bien comprise? — 4. Quels sont les meubles indispensables dans une salle à manger? — 5. Que dénotent des privés mal tenus?

Devoir. — Décrivez une chambre à coucher enfantine telle que vous voudriez en avoir une.

19. — Entretien de la cuisine.

Entretien de la cuisine. — La cuisine, qui est la pièce où se prépare la nourriture, doit être toujours propre et parfaitement en ordre. Elle ne contiendra que ce qu'il faut comme ustensiles, car une cuisine encombrée est difficile à bien tenir; mais elle contiendra tout ce qu'il faut, c'est-à-dire un outillage bien compris afin d'économiser le temps de la ménagère.

Les ustensiles en cuivre seront proscrits d'une cuisine modeste, étant d'achat coûteux et difficiles à entretenir. La batterie de cuisine doit être en *tôle émaillée*, en *aluminium*, en *fonte émaillée*, en *fer battu* ou en *terre*.

La tôle émaillée est très propre, mais elle doit être remplacée aussitôt qu'elle commence à se détériorer parce que des parcelles d'émail peuvent se détacher et se mêler aux aliments, ce qui est dangereux. L'aluminium est d'un entretien facile. Il a l'inconvénient de s'échauffer très rapidement et les aliments qu'on fait cuire dans une casserole en aluminium demandent une grande surveillance pour ne pas brûler. La fonte émaillée a les mêmes avantages et les mêmes inconvénients que la tôle émaillée. Le fer battu est solide, mais il se rouille facilement et peut communiquer aux aliments un goût désagréable. Les ustensiles en terre servent à faire d'excellentes préparations parce qu'ils conservent une température égale; ils se nettoient facilement, mais ils ont l'inconvénient d'être fragiles.

La batterie de cuisine sera entretenue avec grand soin afin qu'elle ne conserve pas un goût de graisse.

Fig. 18. — Principaux ustensiles de cuisine.

Elle sera frottée avec du savon minéral ou de la cendre, extérieurement et intérieurement, lavée à l'eau chaude additionnée de cristaux de soude, et soigneusement rincée.

Les ustensiles de cuisine indispensables sont (fig. 18) :

4 casseroles en métal de différentes grandeurs dont une spéciale pour le lait.
1 casserole plate dite sauteuse.
5 casseroles en terre vernie.
2 poêles à frire de différente grandeur.
1 cocotte en fonte.
1 faitout.
1 plat long en métal ou en terre.
1 plat rond de même.
1 poissonnière.
1 gril.
1 égouttoir avec louche, cuillère et écumoire.
2 passoires dont une pour le bouillon.

1 panier à salade.
2 moules à gâteaux.
1 moule à tarte.
1 planche à hacher.
1 planche à pâtisserie.
1 presse-purée.
1 moulin à café.
1 hachoir.
1 balance.
5 terrines de différentes grandeurs.
1 bassine pour faire la vaisselle.
1 fouet pour les œufs.
1 planche à couteaux.
1 brosse à évier.
1 lavette pour la vaisselle.
1 boîte à ordures.
1 seau à charbon.

Les meubles de cuisine seront en bois blanc, facilement lavable ; la table sera recouverte d'une toile cirée.

La vaisselle étant terminée, l'évier est soigneusement brossé et lavé. Puis vient le tour des carreaux de la cuisine. Les taches sont frottées au savon noir avec la brosse à manche et rincées avec une grosse étoffe de treillis dont on entoure la brosse.

Les ordures sont centralisées dans un seau spécial et emportées chaque jour afin que la décomposition des déchets ne puisse pas vicier l'air du logis.

Questionnaire. — 1. Pourquoi faut-il que la cuisine soit tenue très proprement ? — 2. En quelle matière la batterie de cuisine doit être faite de préférence ? — 3. Comment doit-on la nettoyer ? — 4. Énumérez les principaux ustensiles de cuisine. — 5. Pourquoi ne faut-il pas garder longtemps les ordures ménagères dans la cuisine ?

Devoir. — Vous aidez chaque semaine votre maman à faire le nettoyage complet de la cuisine ; comment vous y prenez-vous ?

Exercices pratiques. — Faire nettoyer une casserole, une poêle, le plateau d'une balance, un plat en terre, une bassine à vaisselle — Faire faire une lavette.

---

20. — Lavage de la vaisselle.

Le lavage de la vaisselle doit être fait immédiatement après le repas afin d'empêcher les graisses de se figer dans les plats et les assiettes.

On se sert pour cet usage d'une grande bassine en fer battu remplie d'eau chaude additionnée d'une petite poignée de cristaux de soude ou de savon blanc. La bassine est posée sur l'évier, à côté d'un égouttoir en bois sur lequel on met la vaisselle quand elle est lavée, afin d'éviter qu'elle s'ébrèche au contact de la pierre.

En desservant la table, la ménagère et ses enfants ont pris soin de séparer par catégories tous les objets à nettoyer et de les disposer de façon à commencer le travail par ceux qui sont le moins salis par les graisses.

On commence par les *verres* qui sont tous lavés à la file et essuyés immédiatement après. Puis vient le lavage des *couverts*, frottés à la brosse et essuyés.

Les *couteaux* ne doivent jamais séjourner dans l'eau pour ne pas détériorer le manche; la lame seule est trempée et lavée avec la lavette. Le même torchon peut servir pour le nettoyage des verres, des couverts et des couteaux.

Enfin viennent les *assiettes* et les *plats*. On les débarrasse d'abord dans le seau à ordures des résidus qu'ils pourraient contenir et on les frotte avec la lavette. Pour cette opération, l'eau de la bassine doit être réchauffée si elle s'est refroidie.

Le lavage méthodique de la vaisselle économise le temps de la ménagère et permet de ne salir qu'un minimum de torchons qu'on met sécher dès que le travail est terminé. Les torchons à vaisselle ne doivent servir à aucun autre usage.

Les Américains, qui simplifient la vie pratique et qui sont nos maîtres en cette matière, emploient un autre système. Les verres étant soigneusement *lavés* et *rincés* à l'eau chaude sont mis à sécher de façon que l'air pénètre à l'intérieur et ne sont pas essuyés. De même, la vaisselle, après avoir été très bien rincée dans une seconde bassine et dans une eau chaude très propre, est mise à sécher sur un égouttoir en fer où l'air circule de sorte que le séchage se fait très rapidement. On économise ainsi le temps d'essuyage et on ménage les torchons, mais il faut pour cela que le lavage soit parfaitement fait.

La vaisselle nettoyée est rangée avec soin par catégories dans l'armoire qui lui est destinée afin que, le moment venu, on trouve facilement ce dont on a besoin.

Questionnaire. — 1. Pourquoi faut-il laver la vaisselle sitôt le repas terminé? — 2. Comment faut-il desservir la table? — 3. Comment et dans quel ordre procède-t-on au lavage de la vaisselle? — 4. Quel est le double avantage que procure le lavage méthodique de la vaisselle? — 5. Que pensez-vous du système américain employé pour le lavage des verres et de la vaisselle.

Devoir. — Décrire une armoire à vaisselle bien rangée.

Exercices patiques. — Faire nettoyer des verres à boire. — Faire récurer et essuyer des couteaux de cuisine.

21. — Travaux d'entretien par jour
et par semaine. — Procédés de nettoyage.

Travaux d'entretien par jour. — Le premier soin de la ménagère est d'ouvrir chaque matin les fenêtres des chambres, de défaire le lit, de découvrir les matelas et de poser les draps et couvertures sur deux chaises, au soleil si c'est possible, mais en tout cas de façon que la literie soit bien aérée.

Lorsque la literie à suffisamment pris l'air, on procède à la confection du lit.

Le matelas doit être retourné chaque jour, tantôt de bas en haut, tantôt d'un côté sur l'autre. On prend ensuite le premier drap en mettant l'ourlet le plus large en haut et on entoure le traversin. On borde ensuite le matelas en tirant bien le drap. Puis on prend le second drap, on le pose à l'envers, l'ourlet le plus large toujours en haut et on le borde aux pieds, en rejetant ce qui reste du drap en haut sur le dos du lit ; on pose alors les couvertures : couverture de laine d'abord, puis couverture de coton, de façon qu'elles soient bien au même niveau du côté de la tête, sur le traversin. On rabat alors le drap par dessus les couvertures. On borde soigneusement et on termine par le couvre-pied qui recouvre le tout.

La table de toilette, posée sur un linoleum, est entretenue avec la plus grande propreté ainsi que les ustensiles qui la recouvrent.

Les lits étant faits, les différentes pièces du logement sont balayées et les meubles essuyés au chiffon et non époussetés, le plumeau soulevant inutilement la poussière sans l'enlever ; les fenêtres demeurent grandes ouvertes pendant que se fait l'essuyage des meubles.

Les planchers de sapin sont passés au chiffon humide.

Les planchers de chêne, cirés de temps en temps à la cire sèche et frottés à la brosse de crin, sont passés chaque jour au chiffon de laine.

Travaux d'entretien par semaine. — Chaque semaine une pièce du logement est faite « à fond » : les planchers sont lavés ou cirés suivant la nature du bois ; les cuivres, les vitres, les glaces, les marbres, les appareils de chauffage sont nettoyés.

Procédés de nettoyage. — Les *cuivres* se nettoient avec des produits spéciaux qu'on trouve dans le commerce. Il n'est pas nécessaire d'en employer une grande quantité, mais il faut frotter avec vigueur et ne laisser aucune trace de corps gras.

Les *vitres* et les *glaces* se nettoient avec une peau de chamois *très propre* et à peine humectée, sans qu'il soit nécessaire de les essuyer ; elles sont ainsi rapidement faites.

Les *marbres* se savonnent à la brosse et à l'eau chaude ; les taches s'enlèvent en frottant avec de la poudre de terre ponce.

Les *poêles* et les *fourneaux* se noircissent avec de la mine de plomb délayée dans un peu de lait ; les aciers se font au papier d'émeri.

Les *verres de lampes* s'essuient avec un chiffon ; les taches sont enlevées avec de la cendre humide.

Les *carafes* se nettoient avec des petits morceaux de journaux et de l'eau qu'on agite dans la carafe. On emploie aussi du vinaigre et du gros sel.

Les *couteaux*, après avoir été lavés et essuyés, sont frottés sur une planche garnie de cuir sur lequel on étend une poudre obtenue en grattant une pierre spéciale. Les couteaux doivent toujours être frottés dans le sens de la largeur ; ils sont ainsi nettoyés et repassés en même temps.

Les *couverts*, lavés après chaque repas, sont de temps

à autre frottés au blanc d'Espagne imbibé d'alcool pour les rendre plus brillants.

Questionnaire. — 1. Que doit faire la ménagère aussitôt levée? — 2. Comment doit-on enlever la poussière déposée sur les meubles? — 3. Pourquoi les fenêtres doivent-elles être ouvertes pendant qu'on fait le ménage? — 4. Comment sont entretenus les parquets? — 5. Justifier l'emploi du papier et du vinaigre pour le nettoyage des carafes.

Devoir. — Comment procède chaque jour et chaque semaine une fillette ordonnée pour avoir sa chambre en parfait état?

Exercices pratiques. — Faire laver une vitre à portée de la main. — Montrer une peau de chamois. — Faire préparer de la mine de plomb pour le nettoyage du fourneau de cuisine.

---

22. — Chauffage et éclairage.

Chauffage du logement. — Le choix de l'appareil qui servira au chauffage du logement dépendra du combustible qu'on doit employer.

Le combustible le plus économique est celui qui est le plus abondant dans le pays où l'on se trouve ; dans les villes, c'est généralement le charbon de terre.

Sauf dans les cas de maladie ou de froid excessif, les chambres à coucher ne doivent pas être chauffées. Il suffit, pour en adoucir la température, de laisser ouverte la porte de communication avec la pièce chauffée.

Cette pièce, qui est généralement la salle à manger, contiendra de préférence un poêle en faïence chauffé au bois qui donne une chaleur douce et régulière. A son défaut, on se servira d'un poêle en fonte chauffé au coke ou au charbon de terre, mais tous ces poêles ont l'inconvénient de s'éteindre pendant la nuit.

Le plus pratique et le plus économique est évidemment le poêle à feu continu, qui brûle nuit et jour, mais il peut laisser échapper des gaz dangereux s'il n'est pas manié avec une extrême prudence ; en tout cas, il ne doit jamais être déplacé d'une pièce dans l'autre pendant la combustion. Il est chauffé généralement au charbon de terre dit *anthracite*.

Enfin, on peut utiliser les poêles au gaz ou au pétrole, mais ils laissent souvent échapper des émanations malsaines. Ils sont en outre d'un emploi coûteux si l'on n'exerce pas une grande surveillance.

D'une façon générale, on se rappellera qu'un appareil de chauffage n'est parfaitement sain que quand les gaz produits par la combustion sont complètement entraînés au dehors.

L'air d'une pièce chauffée sera souvent renouvelé. La température ne doit pas s'y élever à plus de 15 ou 16 degrés. Il est bon d'avoir un thermomètre accroché dans la pièce afin de s'assurer de cette température.

Eclairage du logement. — Les meilleurs modes d'éclairage et les plus pratiques sont l'électricité (fig. 19) ou le gaz, mais malheureusement ces modes d'éclairage ne sont pas encore très répandus. A leur défaut, on emploiera l'éclairage au pétrole, mais il faut que les lampes soient bien entretenues et nettoyées chaque jour. La mèche essuyée avec un papier doit être coupée si elle est inégale ; les trous

Fig. 19 — Éclairage électrique.

de la garniture métallique seront débouchés pour que l'air circule librement.

La lampe ne sera remplie de pétrole que pendant le jour par crainte d'incendie ; elle sera suspendue au-dessus de la table de la salle à manger, pour que la lumière soit répartie plus également. C'est d'ailleurs dans la salle à manger que le plus généralement les enfants font leurs devoirs de classe et l'éclairage venant d'en haut est meilleur pour la vue que l'éclairage de côté qui est trop direct. Trop de lumière fatigue la vue, mais une lumière insuffisante peut amener la myopie. L'éclairage doit donc être très surveillé.

Questionnaire. — 1. Quel est le mode de chauffage le plus employé dans votre région et pourquoi? Qu'y brûle-t-on? — 2. Quel est l'avantage et quel est l'inconvénient des poêles à feu continu? — 3. Quelle est la température moyenne qui convient à une pièce chauffée? — 4. Pourquoi faut-il renouveler de temps en temps l'air d'une pièce chauffée? — 5. Quels sont les meilleurs modes d'éclairage et ceux qui sont le plus généralement employés?

Devoir. — Indiquer la façon de nettoyer et de préparer une lampe à pétrole.

Exercices pratiques. — Modérer ou activer le feu d'un poêle. — Faire nettoyer un verre de lampe. — Faire faire un abat-jour pour lampe.

---

23. — Fourneau de cuisine.

Le fourneau de cuisine. — Le fourneau le plus pratique pour la ménagère est le fourneau à charbon de terre qui permet de faire cuire plusieurs mets à la fois et de se servir du four (fig. 20).

Ce fourneau devra être de dimension assez réduite afin d'économiser le charbon.

Il sera complété par un fourneau à gaz fort utile pour les cuissons rapides et principalement pour le déjeuner du matin.

Si l'on n'a pas le gaz, on peut remplacer le fourneau

à gaz par un fourneau à pétrole à flamme bleue. Ces deux fourneaux doivent être soigneusement entretenus si l'on veut qu'ils fonctionnent bien.

Le fourneau de la cuisine doit être chaque matin débarrassé des cendres et résidus de la veille. Les morceaux de charbon, non complètement brûlés, sont conservés et remis dans le foyer lorsqu'il est bien pris.

FIG. 20. — LE FOURNEAU DE CUISINE.

Allumage. — Le fourneau de cuisine s'allume à l'aide de quelques morceaux de bois. La petite porte doit rester ouverte après l'allumage de façon à activer le feu en établissant un faible courant d'air. La clé sert à modérer ou à activer le feu suivant le sens dans laquelle on la tourne.

On allume de même les poêles après leur nettoyage et après le dégagement de la grille, en mettant sur celle-ci du papier froissé sur lequel on pose du petit bois et une pelletée de braisette ou même encore de charbon de bois. On met ensuite une certaine quantité de charbon de terre de façon à laisser toujours circuler l'air à travers le combustible. On ajoute la quantité de charbon de terre nécessaire quand le feu est bien pris.

La cheminée doit être ramonée au moins une fois par an par crainte d'incendie.

Lorsque le feu prend à la cheminée par les tuyaux du poêle ou du fourneau, on ferme la clé pour empêcher le courant d'air et l'on jette quelques pincées de soufre en poudre dans le foyer : le gaz sulfureux qui se dégage arrête la combustion.

Si la ménagère possède une cave, elle devra au début de la saison faire la provision de combustible qui lui est nécessaire afin d'éviter de l'acheter chez un marchand détaillant qui le lui ferait payer sensiblement plus cher.

Questionnaire. — 1. Quel est le fourneau le plus pratique pour la cuisine? — 2. Quel est l'avantage du fourneau à gaz? — 5. Que fait-on chaque matin au fourneau de cuisine? — 4. Comment l'allume-t-on? — 5. Comment arrête-t-on un feu de cheminée?

Devoir. — Comment nettoie-t-on la fonte, les cuivres et les aciers du fourneau de cuisine?

Exercices pratiques. — Composition d'une boîte de nettoyage pour l'entretien du fourneau de cuisine. — Faire vaseliner un morceau de tôle rouillée. — Montrer de la fleur de soufre.

24. — Les parasites de l'habitation.

Certains insectes parasites de l'habitation comme les mouches et les moustiques peuvent transporter d'une personne à une autre les germes des maladies infectieuses. Nous devons donc autant que possible essayer de nous en débarrasser.

Les puces. — Les puces se multiplient surtout dans les intérieurs malpropres.

La propreté serait donc notre meilleure défense contre les puces si elles venaient à pénétrer dans notre logement.

Les lavages des planchers avec de l'eau additionnée d'eau de Javel nous débarrasseront de celles qui auraient pu se loger dans les fentes du parquet. Si le plancher est ciré, l'encaustique détruit les œufs de ces parasites incommodes.

Si ces moyens ne suffisent pas, une poudre insecticide devrait être projetée à l'aide d'un soufflet partout où les puces auraient pu trouver un abri, particulièrement dans les lits.

Les punaises. — On peut employer contre les punaises les mêmes moyens de défense que contre les puces, mais comme les punaises sont plus tenaces que les puces, il faudrait user des vapeurs de soufre, si les lavages des planchers, des boiseries et des bois de lit et l'emploi de la poudre insecticide restaient infructueux. Mais l'emploi des vapeurs de soufre a l'inconvénient d'obliger les habitants à quitter pendant quelques jours la pièce à désinfecter. C'est donc une mesure de défense à employer surtout préventivement avant d'occuper un nouveau logement.

Les mouches. — Les mouches transportent avec leurs pattes des germes dangereux et les déposent sur nos aliments. Elles sont donc des agents de transmission de maladies telles que la fièvre typhoïde et elles peuvent transporter aussi des germes de maladies infantiles.

On peut dans le logement essayer de se protéger par des pièges spéciaux, mais ces moyens sont peu efficaces.

Les mouches se multiplient avec une effrayante rapidité et vont déposer leurs œufs sur des matières en décomposition telles que les fumiers ou les ordures ménagères. Elles se posent sur les viandes et en amènent rapidement la putréfaction. Le mieux est donc, à la campagne, de jeter de l'huile lourde sur les fumiers qui sont à proximité des habitations et de couvrir de terre les ordures ménagères. A la ville, les ordures ménagères doivent être toujours recueillies dans un récipient à couvercle. Aucun aliment ne sera laissé sur la table, car l'odeur des aliments attire les mouches.

Les moustiques. — Les moustiques, appelés encore « cousins », sont de dangereux insectes dont les piqûres sont pénibles et qui, dans les pays chauds, transportent les germes de la fièvre paludéenne (fig. 21).

En piquant un malade, ils pompent une gouttelette de sang infecté qu'ils transmettent à un autre individu en le piquant à son tour.

Les moustiques déposent leurs œufs sur les eaux stagnantes. Il faut donc éviter d'avoir de ces eaux à proximité de la maison. Si on ne peut les supprimer, il faut répandre de temps en temps à leur surface 10 centimètres cubes de pétrole par mètre carré de surface afin de détruire les larves ; on peut joindre utilement un peu de goudron au pétrole.

Dans les pays chauds, où les moustiques sont très nombreux, on s'en préserve dans

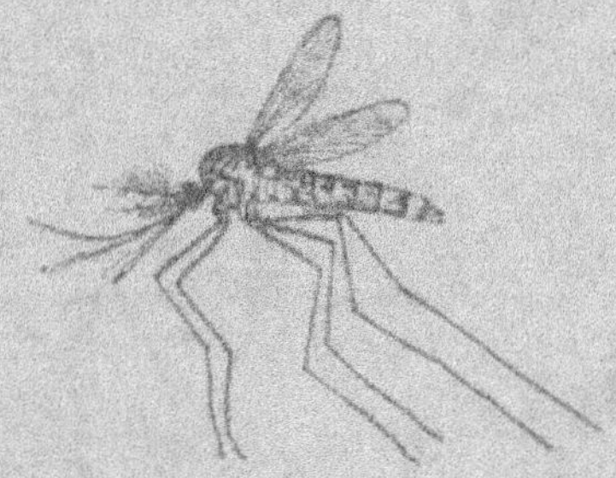

Fig. 21. — Moustique.

les habitations en garnissant les fenêtres de toiles métalliques, semblables à celle d'un garde-manger, qui empêchent les moustiques de pénétrer dans l'habitation.

Questionnaire. — 1. Quels sont les principaux insectes parasites de l'habitation ? — 2. Comment peut-on se préserver des puces et des punaises ? — 3. Pourquoi les mouches sont-elles dangereuses ? — 4. Comment peut-on s'en préserver ? — 5. Pourquoi les moustiques sont-ils dangereux ?

Devoir. — Expliquer comment se multiplient les mouches et les moustiques et indiquer les précautions à prendre pour lutter contre leur propagation.

Exercices pratiques. — Montrer de l'huile lourde, du crésyl. — Montrer que le pétrole versé dans un verre d'eau surnage à la surface de l'eau ; conclure.

Extrait d'une circulaire** de M. le Ministre de l'Hygiène, de l'Assistance et de la Prévoyance sociales, **relative à la destruction des mouches.

Le rôle de la mouche, dans la propagation des maladies contagieuses (fièvre typhoïde, diarrhée infantile, dysenterie, tuberculose, etc.), a été maintes fois mis en relief. Cet insecte constitue au premier chef un véritable péril pour la santé publique, et il importe, en appelant l'attention sur les dangers qu'il présente, de ne rien négliger pour le combattre efficacement.

La lutte contre la mouche comporte deux modes essentiels : la destruction des œufs et des larves; la destruction des mouches adultes.

1° *La destruction des œufs et des larves est la mesure essentielle.* — Les mouches pondent sur les matières organiques en décomposition, surtout sur les fumiers, les dépôts d'immondices, au voisinage des fosses d'aisances, etc. Leur multiplication est toujours en rapport avec la malpropreté du lieu que l'on considère. La stricte propreté des locaux d'habitation et de leur voisinage devient donc une sauvegarde contre la pullulation des mouches. Il conviendra d'éloigner des habitations les fumiers, dépôts d'ordures, gadoues, etc.

Dans les grandes exploitations, il importe d'établir des fosses à fumier étanches; dans les petites, on enlèvera les fumiers trois fois par semaine en été et on les déposera loin des habitations.

En été, on répandra dans les fosses d'aisances, une fois par mois, 50 centimètres cubes de pétrole ou d'huile verte de schiste par mètre superficiel.

Il va de soi que les écuries, étables, porcheries, poulaillers, etc., devront être entretenus avec le plus grand soin de propreté, nettoyés chaque semaine et lavés à l'aide d'une solution crésylée.

2° *La destruction des mouches adultes* dans les locaux où elles ont pénétré peut être obtenue par plusieurs moyens :

a) Mettre dans un vase métallique, qu'on place sur un feu doux, du crésyl à raison de 5 grammes de crésyl par mètre cube d'air.

Fermer hermétiquement les portes et fenêtres en collant

du papier sur les jointures, laisser agir les vapeurs produites pendant six heures.

Faire usage d'un vase à bord élevé pour éviter que le feu n'enflamme les vapeurs de crésyl.

Si ce procédé est susceptible de détruire toutes les mouches présentes dans la pièce, il va de soi qu'il devra être renouvelé fréquemment.

Le même résultat peut être obtenu en faisant brûler, avec les mêmes précautions, 50 grammes de soufre par mètre cube d'air.

b) On peut user également du papier tue-mouches selon la formule suivante facile à préparer et peu coûteuse : faire macérer pendant dix heures 250 grammes de copeaux de *quassia amara* dans un litre d'eau ; ajouter 25 grammes de mélasse, faire évaporer le liquide jusqu'à réduction d'un quart du volume primitif, verser une petite quantité dans une assiette dont le fond est occupé par une feuille de papier buvard.

c) On obtiendra de bons résultats en disposant des assiettes qui contiendront la solution suivante :

> Eau : 50 centimètres cubes ;
> Lait : 25 centimètres cubes ;
> Sucre : 10 centimètres cubes ;
> Formol : 15 centimètres cubes.

Ces deux derniers procédés, permettant parfois à la mouche d'aller mourir à quelques mètres, ne devront pas être employés partout où l'on prépare des aliments.

Pour éviter que les mouches ne pénètrent dans les habitations, il sera bon de peindre les vitres-fenêtres en bleu et de tenir les fenêtres et portes closes à moins qu'on ne tende le jour de simples filets à larges mailles ou, comme dans le midi de la France, des rideaux constitués avec des cordelettes de verrolerie.

On devra, enfin, protéger les aliments du contact des mouches, tant à l'intérieur des maisons (et à cet égard, l'usage du garde-manger est à conseiller) que sur la voie publique et aux étalages.

VI. — HYGIÈNE DE L'ALIMENTATION

25. — Importance de l'alimentation.
Appareil digestif.

Importance de l'alimentation. — La nourriture a une influence considérable sur la force de notre organisme et sur la croissance des êtres jeunes. On peut dire sans exagération que la santé de toute notre vie dépend pour beaucoup de la façon dont nous avons été nourris dès l'enfance et qu'une mauvaise alimentation est l'origine d'un grand nombre de maladies.

On ne comprendrait pas qu'un mécanicien ne connaisse pas les différents organes de sa machine, qu'il ignore quel combustible il convient de donner à son moteur pour le faire marcher et quelle quantité il doit employer.

La mère de famille ignore trop souvent les besoins de la machine humaine qui a cependant ses exigences auxquelles il faut satisfaire, si nous voulons qu'elle fonctionne régulièrement.

Le but de la science de l'alimentation est d'apprendre aux ménagères comment on peut nourrir l'organisme de la façon la plus rationnelle en lui donnant tout ce qui lui est nécessaire et le plus économiquement possible.

Le corps humain est composé d'une infinité de petites cellules qui s'usent d'une façon continue par le mouve-

ment de la vie et qui sont reconstituées par les aliments
que nous absorbons. Il importe donc que ceux-ci apportent
à cette reconstitution tous les éléments nécessaires.

Structure de l'appareil digestif. — Le travail d'assimilation des aliments se fait dans notre appareil digestif (fig. 22).
Dans toute sa lon-
gueur, celui-ci est
tapissé de glandes
microscopiques qui
sécrètent des liqui-
des destinés à désa-
gréger les aliments,
à les réduire en bouil-
lie pour les rendre
facilement assimila-
bles, c'est-à-dire les
transformer en os,
en chair et en sang.

Le travail com-
mence dans la bou-
che où les aliments,
broyés par les dents
et imprégnés de sa-
live, subissent une
première préparation
à la digestion.

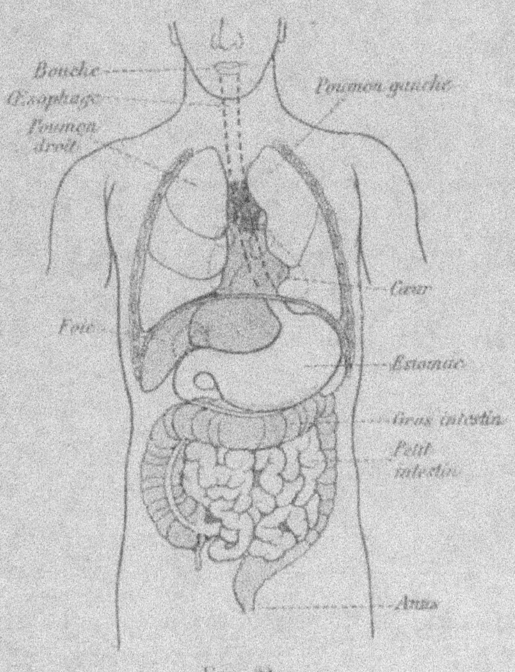

FIG. 22.
APPAREIL DIGESTIF DE L'HOMME.

Il faut que nous mastiquions nos aliments avec le plus
grand soin, lentement, afin que cette première préparation
soit complète.

Le travail de désagrégation des aliments se continue
dans l'estomac et dans l'intestin où les produits de la digestion passent dans les vaisseaux sanguins. Ainsi, le sang
va porter les éléments reconstituants dans tout notre
corps.

Notre appareil digestif élimine tout ce qui lui est inutile.

Il reste souvent dans l'intestin des déchets qui y fermentent rapidement et empoisonnent l'organisme si nous ne veillons pas à ce qu'ils soient rapidement expulsés.

Parmi les aliments que nous absorbons, il en est de particulièrement nécessaires, tels les légumes verts et les fruits, pour aider à ce travail d'élimination qui doit se faire chaque jour, par l'intestin.

Questionnaire. — 1. Quelle est l'importance d'une bonne alimentation? — 2. En quoi la science de l'alimentation est-elle utile à la ménagère? — 3. On compare souvent le corps humain à une machine; cette comparaison se justifie-t-elle? — 4. Que signifient ces mots *l'assimilation des aliments*? — 5. Où commence et où se continue le travail de la digestion?

Devoir. — Décrire l'appareil digestif et son fonctionnement.

Exercice pratique. — Mastiquer lentement et complètement un morceau de pain; conclure.

---

26. — But de l'alimentation. Règles générales.

But de l'alimentation. — L'alimentation a pour but :

1° De nourrir nos organes et d'en entretenir le fonctionnement ;

2° D'entretenir la chaleur de notre corps ;

3° De produire la force et l'énergie qui nous sont nécessaires ;

4° De pourvoir dans l'enfance et la jeunesse aux besoins créés par la croissance.

L'alimentation est soumise à des règles générales, mais elle varie forcément suivant l'âge, les climats et les occupations.

Pour subvenir aux exigences de leur croissance, les enfants doivent proportionnellement manger plus que les vieillards qui n'ont besoin que d'une faible ration d'entretien. Le séjour dans les climats froids nécessite, de même, une nourriture plus substantielle et plus riche en aliments combustibles que le séjour dans les climats chauds. De même aussi, les travailleurs manuels ont besoin d'une nourriture plus fortifiante que les travailleurs intellectuels.

Règles générales de l'alimentation. — Les tissus de notre corps sont composés *d'albumine, d'hydrocarbone, de graisse, d'eau* et *de sels minéraux*. Nous devons chaque jour restituer à nos tissus ce qu'ils perdent par le mouvement de la vie.

Les aliments se divisent en plusieurs catégories qui sont :

1° *Les albumines* qui servent surtout à la réparation des tissus et qui sont pour cette raison appelés *aliments réparateurs* ;

2° *Les aliments hydrocarbonés* et *les graisses* qui nous fournissent la chaleur en brûlant dans notre corps et qui nous fournissent la force et l'énergie qui nous sont nécessaires. Ils forment la catégorie des aliments producteurs d'énergie ;

3° *L'eau* que nous pouvons considérer comme un aliment. Elle forme la partie liquide de notre sang et circule dans l'organisme pour y porter les principes reconstituants ; nous éliminons une grande quantité d'eau par les reins. Nous en absorbons environ 1200 grammes par les aliments ; nous devons en boire environ 1000 grammes, soit un litre par jour pour avoir notre ration complète ;

4° *Les légumes verts et les fruits* qui sont nécessaires à notre organisme au même titre que les aliments reconstituants. En effet, pour maintenir le bon équilibre de notre alimentation, il est recommandé d'y faire entrer des légumes et des fruits qui sont des aliments dits *régulateurs* parce qu'ils assurent le bon fonctionnement de l'intestin.

Nous verrons qu'ils nous apportent des sels minéraux qui nous sont indispensables, de même que les *vitamines* qui abondent dans les aliments frais et qui renferment des principes absolument nécessaires à l'assimilation des aliments.

Questionnaire. — 1. Quel est le rôle de l'alimentation? — 2. Comment classe-t-on les aliments? — 3. Est-il bon de rechercher les légumes bien frais? Pourquoi? — 4. Quelle est l'importance des aliments dits *régulateurs*? — 5. Pourquoi les enfants, les adultes et les vieillards n'ont-ils pas besoin de la même quantité de nourriture?

Devoir. — Énumérer les substances dont sont composés les tissus de notre corps et citer les aliments qui peuvent leur apporter ce qui leur est nécessaire pour remplacer ce qu'ils perdent.

---

27. — Qualités d'une bonne alimentation. — Propriétés des aliments. — Sels minéraux.

Qualités d'une bonne alimentation. — Une bonne alimentation est celle qui fournit chaque jour à l'organisme tout ce dont il a besoin.

La ménagère trouvera dans la liste ci-après l'indication des principaux aliments et de la catégorie à laquelle ils appartiennent ainsi que leur rôle dans l'alimentation. Elle saura que, pour maintenir la santé de ceux dont elle a la charge, elle doit faire entrer dans le menu de *chaque jour*, à l'un ou à l'autre des repas, un des aliments de chaque catégorie pour répondre à tous les besoins du corps. Ce sont là des règles qui subissent forcément des modifications lorsqu'il s'agit de la nourriture des malades.

D'une façon générale, la ménagère se souviendra que,

pour équilibrer la nourriture, nos besoins sont d'environ 1 partie d'albumine, 1 partie de graisse et 4 parties d'aliments hydrocarbonés. Elle saura aussi que la nourriture mixte et variée est celle qui a le plus de chance d'apporter à l'organisme tout ce dont il a besoin.

Propriétés des aliments. — 1° ALIMENTS SURTOUT RÉPARATEURS. — *Albumines* : Viandes, poissons, volailles, lait, fromages, œufs, légumes secs, noix, amandes :

2° ALIMENTS FOURNISSANT SURTOUT LA FORCE, L'ÉNERGIE ET LA CHALEUR. — *Hydrocarbonés* : Pain, biscuits, macaroni, nouilles, riz, céréales, farines, semoules, châtaignes.

Sucres : Confitures, miel, fruits secs ;

Graisses : Beurre, huile, saindoux, graisse de cuisine, crème, porc salé, lard maigre ;

3° ALIMENTS RÉGULATEURS. — *Légumes et fruits* : Épinards, salades cuites ou crues, choux, pommes de terre, navets, carottes, haricots verts, petits pois, oignons, pommes, poires, oranges, prunes, raisins.

Les sels minéraux. — L'apport des sels minéraux dans notre alimentation est absolument indispensable. Ces substances agissent à très petite dose et l'alimentation mixte nous les fournit presque tous en quantité suffisante. Il est cependant des sels minéraux qui nous sont particulièrement nécessaires et que nous n'absorbons pas toujours en assez grande quantité : le *fer*, le *phosphore* et la *chaux*. L'alimentation bien comprise peut nous en donner sous une forme facilement assimilable.

Le fer. — Le fer exerce un rôle capital dans la composition du sang. Si nous n'en absorbons pas une quantité suffisante, notre vitalité diminue et nous sommes atteints d'*anémie*.

Les principaux aliments qui nous fournissent du fer sont : les *viandes rouges*, le *jaune d'œufs*, les *légumes secs*, les *céréales*, le *chocolat*, les *noix*, le *fromage* et les *fruits*, les *légumes verts*, surtout les *épinards*.

Le phosphore. — Le phosphore est indispensable à nos muscles, à notre système nerveux et à notre système osseux, surtout pendant la période de croissance.

Les principaux aliments contenant du phosphore sont : les *poissons*, le *fromage*, le *jaune d'œufs*, les *légumes secs*, le *chocolat*, les *céréales*, les *noix*, les *noisettes* et les *amandes*.

La chaux. — La chaux est indispensable à la formation de notre squelette ; les os et les dents en contiennent une grande quantité.

Les principaux aliments qui nous apportent de la chaux sont : le *lait*, le *fromage*, les *noisettes*, les *amandes*, les *légumes secs*, le *jaune d'œufs*, les *légumes frais*, les *fruits secs* et les *fruits frais*.

Questionnaire. — 1. Quelles sont les qualités d'une bonne alimentation ? — 2. Quelles sont les règles qui doivent guider la ménagère dans la composition de ses menus ? — 3. Quels sont les aliments riches en fer, en chaux et en phosphore ? — 4. Pourquoi est-il nécessaire que notre alimentation soit variée ? — 5. Qu'arriverait-il si nous nous nourrissions trop exclusivement d'une seule sorte d'aliments ?

Devoir — Indiquer ce qu'on entend par sels minéraux et montrer l'utilité des sels minéraux dans notre alimentation.

28. — Les repas, le couvert.

Les repas. — La régularité dans les heures de repas est d'une extrême importance pour notre santé et pour la bonne marche du travail à la maison. Nos repas doivent être réglés et espacés, dans la journée, de façon que notre estomac ait le temps de bien digérer les aliments que nous lui donnons. Il est mauvais pour l'estomac que les repas soient trop rapprochés ou qu'il ait à attendre trop longtemps les aliments dont il a besoin. Nous sommes exposés à manger trop quand nous nous mettons en retard à table, d'où résulte une fatigue de notre appareil digestif.

La santé exige donc que les repas soient pris à des heures fixes et régulières.

Cette régularité est d'ailleurs nécessaire à tous afin qu'il n'y ait pas de temps perdu et que chacun puisse se mettre à l'heure exacte au travail.

D'autre part, la ménagère qui a donné tous ses soins à la confection du repas ne verrait pas sans regret les aliments perdre une partie de leurs qualités par le fait d'une cuisson trop prolongée.

Nous faisons généralement quatre repas dans la journée :

1° *le petit déjeuner* du matin, qui doit être suffisamment substantiel et chaud pour les travailleurs que leurs occupations appellent au dehors le matin. Il peut se composer de soupe ou de café au lait largement accompagné de pain ;

2° *le déjeuner de midi*, qui est le repas principal ;

3° *le goûter*, qui est recommandé pour que l'espace entre les deux principaux repas ne soit pas trop long ;

4° *le dîner du soir*, qui doit être un repas plus léger que le déjeuner afin que l'estomac ne soit pas chargé à l'heure du coucher.

En famille le repas est une heure de réunion et de délassement. La bonne humeur doit y régner et aucune question irritante n'y sera traitée. La ménagère s'efforce que les enfants aient une bonne tenue à table et mangent

Fig. 23. — LE REPAS EN FAMILLE.

proprement et avec soin. Elle s'ingénie à présenter les plats d'une façon attrayante (fig. 23).

Le repas n'est pas écourté afin que la préparation à la digestion soit faite soigneusement par une mastication prolongée.

Le couvert. — La table est bien dressée sur une toile cirée d'une irréprochable propreté de même que la vaisselle et la verrerie. Les assiettes, régulièrement espacées, portent la serviette bien pliée qu'on s'efforce de tenir aussi propre que possible. La fourchette est mise à gauche de l'assiette, la cuillère et le couteau à droite. On dispose ensuite la salière, la carafe et la bouteille de vin. Quel-

ques fleurs dans un petit vase orneront la table et lui donneront de la gaîté.

Questionnaire. — 1. Pourquoi la régularité des heures de repas
est-elle nécessaire ? — 2. Combien doit-on faire de repas dans la
journée ? — 3. Pourquoi est-il bon de faire le soir un repas plus
léger qu'à midi ? — 4. Comment le couvert doit-il être mis ? — 5. Est-il
hygiénique de se livrer à un exercice violent après le repas ?

Devoir. — Décrire un joyeux repas du soir, dans la salle à
manger familiale bien ordonnée ; dire comment on y fait honneur
aux bons plats préparés par la mère de famille.

Exercice pratique. — Mettre le couvert soigneusement à la
maison.

---

29. — Règles générales de l'art culinaire.

Règles générales. — La pratique de l'art culinaire
demande des qualités d'ordre, de méthode et de prévoyance auxquelles la ménagère ne saurait s'habituer trop
tôt. Les fillettes seront les aides naturelles de la maman
et compléteront près d'elle ce qu'elles auront appris à
l'école.

Tout d'abord la ménagère doit être pénétrée de l'importance des règles générales qui président à l'accomplisse-
ment de sa tâche. Elle verra combien son travail en sera
simplifié. Elle doit connaître les différentes sortes d'aliments et savoir quel degré de cuisson convient à chacun
pour lui laisser toute sa valeur nutritive et en même temps
constituer une préparation agréable au goût ; elle doit
savoir enfin varier la nourriture.

La cuisson des aliments a une influence considérable
sur leur digestibilité et une préparation qui les rend
appétissants provoque la sécrétion des sucs gastriques qui
en facilitent l'assimilation. La cuisson, en ramollissant

et en désagrégeant les aliments, favorise la mastication et la digestion. Elle a aussi pour but de détruire les germes dangereux qui pourraient contaminer certains aliments.

La ménagère devra savoir et apprendre à ses enfants à faire les achats avec discernement et se rendre compte de la fraîcheur et de la qualité des aliments. Dans cette partie de sa tâche, comme dans toutes les autres, elle devra appliquer les strictes règles de l'économie, mais elle se souviendra que ce ne sont pas toujours les achats faits au meilleur marché qui sont les plus économiques. Il y a souvent dans les aliments de prix inférieur des déchets et des pertes qui ne se produisent pas dans les aliments de meilleure qualité.

Questionnaire. — 1. Quelles sont les qualités que demande la la pratique de l'art culinaire ? — 2. Quelles sont les aides tout indiquées de la ménagère ? — 3. Quelle est l'importance de la cuisson des aliments en général et du degré de cuisson propre à chaque sorte de mets ? — 4. Pourquoi la préparation des aliments exige-t-elle une grande propreté ? — 5. Pourquoi la connaissance de l'art culinaire apporte-t-elle plus de bien-être à la maison ?

Devoir. — Montrer comment la ménagère doit faire ses achats ; doit-elle se préoccuper exclusivement du bon marché ?

Exercices pratiques. — Faire reconnaître la qualité et la fraîcheur de certains aliments. — Examiner et faire goûter des légumes insuffisamment cuits et les mêmes légumes bien cuits : conclure.

30. — Les viandes de boucherie.

Les viandes de boucherie. — En ce qui concerne les viandes, il est indispensable que la ménagère sache l'usage qu'il convient de faire des différents morceaux et la façon dont elle doit les préparer suivant leur nature.

Les viandes sont divisées en trois catégories qu'elle saura reconnaître.

Les tableaux et les figures ci-dessous (fig. 24) la renseigneront.

Bœuf.

1ʳᵉ catégorie.	Aloyau. . .	Filet. Faux filet. Rumsteck.	Bifteck et rôti.
	Entre-côte.	Côte anglaise. Côtes basses.	Bifteck et rôti.
	Cuisse. . . .	Culotte. Aiguillette. Tranche grasse. Gîte à la noix.	Bifteck et rôti. Pot au feu, bœuf mode. Bifteck et rôti. Pot au feu, bœuf mode.
2ᵉ catégorie.	Épaule. . . .	Macreuse. Jumeau. Derr. de paleron.	Pot au feu. Bœuf mode.
	Plats de côte. Aiguillette. .	Découverte. Couverte.	Pot au feu.
3ᵉ catégorie.		Poitrine. Surlonge. Joue. Collier. Jarret.	Pot au feu.

La ménagère doit aussi se rendre compte des qualités des viandes.

La bonne viande de bœuf se reconnaît à sa couleur

rouge franc. Elle laisse suinter un jus rosé et elle est
marbrée de graisse d'un blanc légèrement jaunâtre.

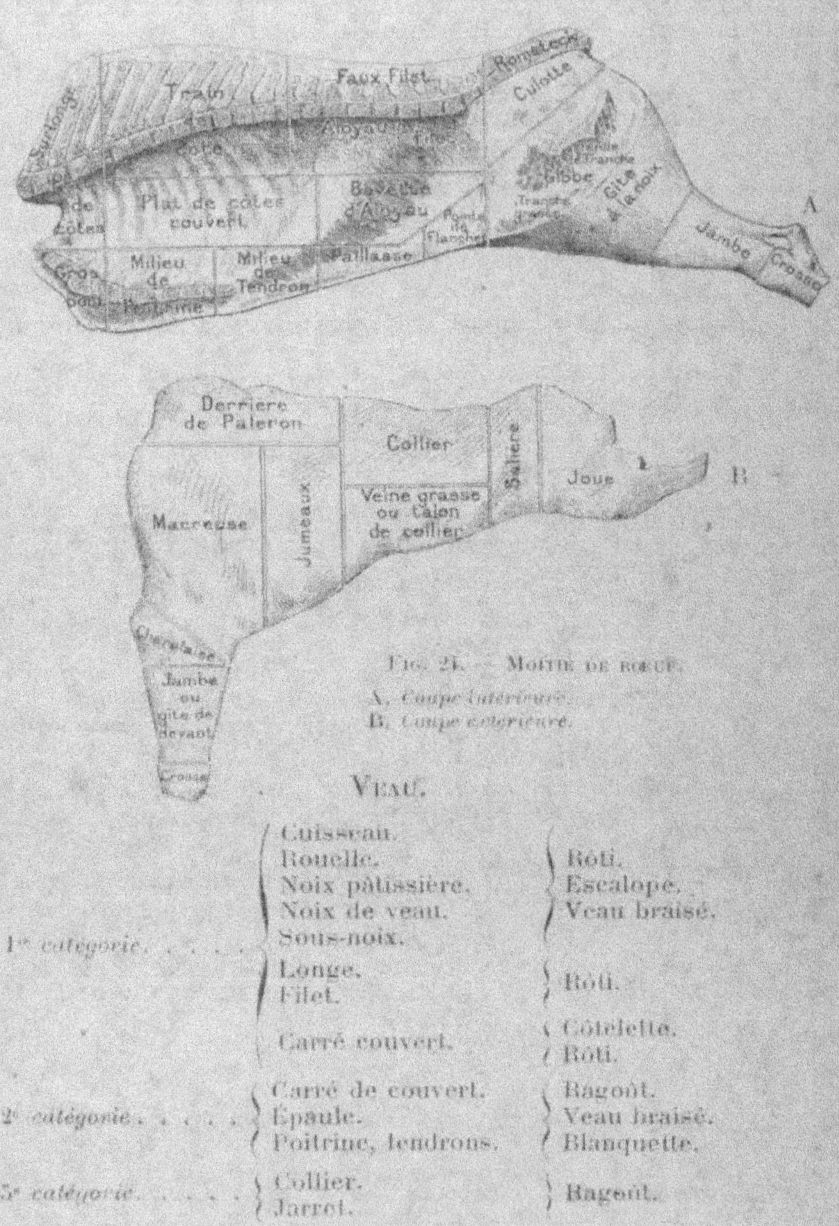

FIG. 25. — MOITIÉ DE BŒUF.

A, Coupe intérieure.
B, Coupe extérieure.

VEAU.

1re catégorie	Cuisseau. Rouelle. Noix pâtissière. Noix de veau. Sous-noix.	Rôti. Escalope. Veau braisé.
	Longe. Filet.	Rôti.
	Carré couvert.	Côtelette. Rôti.
2e catégorie	Carré de couvert. Épaule. Poitrine, tendrons.	Ragoût. Veau braisé. Blanquette.
3e catégorie	Collier. Jarret.	Ragoût.

La viande de veau doit être rosée, tendre et entremêlée d'une graisse blanche.

MOUTON.

1re *catégorie*	{ Gigot.	{ Rôti et braisé.
	{ Carré.	{ Côtelette, rôti et grillade.
2e *catégorie*	Épaule.	Braisé et ragoût.
3e *catégorie*	{ Poitrine	{ Ragoût.
	{ Collier.	

La bonne viande de mouton est d'un rouge foncé ; la graisse est blanche et ferme.

PORC.

La viande de porc ne se divise pas en catégories : tout se mange dans l'animal et sa viande peut être salée et conservée. La viande doit être de la couleur de celle du veau ; le bon lard est ferme et blanc ; le jambon et le filet sont les morceaux les plus délicats.

Recommandations. — Les viandes peuvent provenir d'animaux atteints de la tuberculose ou de parasites très nuisibles à l'homme, tels le ténia du bœuf ou la trichine du porc. Les viandes doivent être soumises à une cuisson assez prolongée qui détruit les germes ou parasites dangereux.

De plus, la ménagère s'adressera pour ses achats à un boucher consciencieux. Elle veillera chez elle à ce que la viande ne subisse aucune putréfaction et elle aura soin de la tenir au frais dans un garde-manger qui la met à l'abri des mouches.

La viande de mouton est sans danger, aussi c'est la viande à donner de préférence aux malades à qui il est prescrit de manger de la viande crue.

Questionnaire. — 1. En combien de catégories sont réparties les viandes de boucherie ? — 2. Indiquer à quelle catégorie appartiennent l'entre-côte et le plat de côte dans le bœuf ; la rouelle et et l'épaule dans le veau ; le gigot et les hauts de côtelettes dans le mouton. — 3. Quelle est la viande qui est exempte de parasites ? — 4. Comment prévenir les dangers auxquels expose la présence de parasites dans certaines viandes ? — 5. Quels soins doit-on prendre de la viande en attendant qu'on la fasse cuire ?

Devoir. — Quel aspect présente la bonne viande de bœuf, de veau, de mouton, de porc ?

Exercices pratiques. — Reconnaître des morceaux de viande de différentes catégories. — Examiner un morceau de bœuf et apprécier à l'examen ses qualités.

---

31. — La volaille. Le lapin. — Le poisson. Les mollusques. Les crustacés.

Les volailles jeunes se mangent rôties ; les volailles plus vieilles se cuisent à la casserole et doivent subir une cuisson plus longue pour que la chair s'attendrisse. La chair des volailles crues entre assez rapidement en décomposition.

Le poulet. — Un bon poulet a la chair fine et blanche ; les pattes sont lisses, grosses et courtes ; le *bréchet* ou os de devant de la poitrine est souple chez les volailles jeunes et dur chez les vieilles. Chez ces dernières, les pattes sont rugueuses et écailleuses et les ergots très développés.

La dinde. — La dinde jeune se reconnaît aux mêmes signes que le poulet jeune.

Le canard. — Le canard a la chair légèrement rougeâtre et est considéré comme une viande noire. Lorsque le canard est jeune, la partie inférieure du bec est flexible.

L'oie. — L'oie doit avoir la chair fine; on reconnaît qu'elle est jeune aux mêmes signes que le canard.

Le pigeon. — Le jeune pigeon n'a pas encore les plumes parfaitement développées; il est encore recouvert de duvet principalement au cou.

Le lapin. — Le lapin doit avoir la chair blanche, et ses dents ne doivent pas être jaunes, ce qui est une indication de vieillesse. Ses pattes de devant sont souples lorsqu'il est jeune.

Le poisson. — Le poisson est une nourriture économique. C'est aussi une excellente nourriture à condition qu'il soit parfaitement frais; il contient du phosphate et pour cela convient particulièrement aux enfants.

Consommé quand il n'est pas parfaitement frais, le poisson peut causer des indispositions parmi lesquelles l'eczéma, l'urticaire et la diarrhée.

On reconnaît que le poisson est frais à la couleur des ouïes qui doivent être d'un beau rouge vif, au brillant des écailles et à l'aspect des yeux qui sont troubles et enfoncés dès que la décomposition commence; la chair de poisson doit être résistante sous le doigt.

Les poissons salés ou fumés tels que la morue, le haddock et le hareng fumé constituent des aliments très riches en albumine et économiques. La bonne morue se reconnaît à la blancheur de sa chair. Les poissons salés et fumés sont mis à tremper dans l'eau froide pendant 24 heures avant la cuisson. On prend soin de changer l'eau plusieurs fois.

Les mollusques et les crustacés. — Les *mollusques* comprennent un certain nombre de coquillages qui sont une ressource pour l'alimentation. Les plus communs sont les *huîtres* et les *moules*. Les huîtres peuvent malheureusement être contaminées par des eaux malsaines qui contiennent des germes de maladies. Les moules n'offrent pas le même danger quand elles sont cuites, mais elles doivent être d'une irréprochable fraîcheur. Les huîtres et les moules doivent être interdites de fin mars à fin août.

Les *escargots* ne sont pas une nourriture à dédaigner quand ils sont bien préparés.

Les principaux crustacés servant à l'alimentation sont les *crabes* et les *crevettes* qui sont une ressource économique au bord de la mer. Les *homards*, les *langoustes* et les *écrevisses* restent toujours des aliments de luxe et d'un prix élevé.

Questionnaire. — 1. A quels signes reconnaît-on une jeune volaille ? — 2. A quels signes reconnaît-on qu'un lapin est jeune ? — 3. A quels signes reconnaît-on que le poisson est frais ? — 4. Quel est le meilleur coquillage parmi les mollusques et le plus économique ?

Devoir. — Vous êtes allée au marché avec votre maman ; dites toutes les précautions qu'elle a prises pour se procurer des aliments frais.

---

32. — Différents modes de cuisson des viandes de boucherie.

Les viandes comportent différentes préparations qui sont : le *rôti*, la *grillade*, le *sauté*, le *braisé*, le *ragoût*, le *bouilli* ou *pot au feu*.

Le rôti. — Le rôti se fait au four suffisamment chaud pour que la viande subisse immédiatement l'action du feu. La viande de *bœuf* se met à sec dans le plat à rôtir ; la graisse qui entoure le morceau fournit le premier jus auquel on ajoute un verre d'eau tiède à deux reprises différentes. On arrose la viande quatre ou cinq fois pendant la cuisson en prenant le jus avec une cuillère ; on a soin de retourner le rôti au moins une fois.

Le rôti de *mouton* se fait de même, sauf qu'on met un verre d'eau tiède dans le plat avant de le mettre au four. La *volaille* est enduite de beurre ou de graisse et arrosée pendant la cuisson; le jus est allongé par un demi-verre d'eau tiède.

Le *temps de cuisson* pour les rôtis est :

pour le *bœuf* : 15 à 20 minutes par 1/2 kilog. ;

pour le *mouton* : 20 à 25 minutes par 1/2 kilog. ;

pour le *veau* : 30 minutes par 1/2 kilog. ;

pour le *porc frais* : 30 minutes par 1/2 kilog. ;

pour la *volaille* : 30 minutes par 1/2 kilog.

Le temps de cuisson est légèrement augmenté pour de petits rôtis.

Le rôti est cuit à point lorsqu'en le piquant avec la pointe d'un couteau il laisse échapper un jus rosé pour les viandes rouges et incolore pour les viandes blanches. Les viandes de bœuf et de mouton doivent rester légèrement rosées à l'intérieur lorsqu'elles sont bien cuites.

La viande de bœuf et celle de mouton doivent rester légèrement rosées à l'intérieur quand elles sont bien cuites.

La viande cuite au four ne doit être salée que peu de temps avant la fin de la cuisson parce que le sel ferait couler le jus en trop grande abondance.

La grillade. — La grillade se fait sur un feu vif de charbon sur le fourneau ou sur un feu de braisette. La viande, posée sur le gril, est retournée aussitôt qu'elle est cuite d'un côté. En la servant, on pose dessus un petit morceau de beurre et on parsème la viande d'une légère peluche de fines herbes hachées.

Le sauté. — Le sauté se fait dans la poêle. Ce mode de cuisson a l'avantage sur la grillade de ne pas dégager de fumée. On fait fondre d'abord environ 60 grammes de beurre ou de graisse et, lorsque le beurre ou la graisse est bien chaud, on met le morceau à cuire. Le bifteck ou la côtelette peut très bien se cuire à la poêle sans beurre ni graisse : bifteck ou côtelette n'en est que plus digestible.

Le braisé. — Le braisé est la préparation d'une viande qui subit une cuisson prolongée dans un récipient de fonte émaillée dit *braisière*.

On fait fondre environ 40 grammes de graisse et on met la viande dans la braisière à feu moyen jusqu'à ce qu'elle soit légèrement blonde. On ajoute alors des oignons et des carottes coupés en rondelles. On mouille avec de l'eau chaude ou du bouillon de façon que le liquide atteigne la moitié de la hauteur de la viande. On ajoute alors un bouquet garni, composé de persil, thym et laurier liés ensemble, du poivre, du sel et quelques clous de girofle.

On fait cuire doucement pendant environ deux heures, le récipient demeurant couvert pour qu'il n'y ait pas d'évaporation.

On braise les viandes de bœuf, de mouton et de porc. On choisit pour les braisés une viande un peu résistante et qui a besoin d'être attendrie par une longue cuisson. On peut aussi braiser une vieille volaille.

Questionnaire. — 1. Quels sont les différents modes de cuisiner les viandes ? — 2. Quel est le temps de cuisson des différentes viandes rôties ? — 3. Quelles catégories de viande choisit-on pour les cuissons rapides telles que les grillades ? — 4. Quels sont les morceaux de viande qui doivent être braisés ? — 5. Pourquoi est-il nécessaire de donner des temps différents de cuisson aux morceaux de certaines catégories ?

Devoir. — Décrire la préparation d'un braisé : le bœuf à la mode, par exemple.

Exercices pratiques. — Faire faire un bouquet garni. — Préparer un rôti de porc ; établir le prix total de revient et la dépense par personne.

33. — Cuisson des poissons, des moules, des crustacés.

Les poissons. — Les modes de cuisson du poisson sont : le *bouilli*, la *grillade*, la *friture*. Avant toute cuisson on doit vider le poisson, c'est-à-dire en extraire les intestins, le laver soigneusement à l'eau froide après avoir gratté les écailles et avoir coupé les nageoires.

Le bouilli. — Le poisson bouilli se cuit au court-bouillon, dans un récipient pouvant contenir assez de liquide pour le couvrir. Le court-bouillon se prépare avant d'y mettre le poisson.

Pour quatre litres d'eau on ajoute 100 grammes de carottes, 100 grammes d'oignons coupés en rondelles, un bouquet de persil, thym, laurier, 30 grammes de sel, deux verres de vinaigre. On fait bouillir le liquide environ une heure, puis on y met le poisson. Au premier bouillonnement, on le retire sur le coin du feu de façon que l'eau continue à frémir *sans bouillir*. On compte environ un quart d'heure de cuisson par kilogramme pour un gros poisson. Pour un poisson pesant moins d'un kilogramme il faut un temps de cuisson proportionnellement plus long.

La grillade. — Le poisson à griller se dispose sur le gril à feu vif après avoir été incisé sur les bords et enduit d'huile.

La friture. — Le poisson frit se prépare suivant la règle concernant les autres fritures après avoir été roulé dans la farine légèrement salée et avoir été salé un peu à l'intérieur. L'huile convient particulièrement pour la friture de poisson.

La morue. — La morue se fait cuire à l'eau froide pendant environ une heure après avoir été dessalée.

Les moules. — Les moules doivent être grattées soigneusement, puis lavées à deux ou trois eaux. On les met alors dans une casserole avec sel, poivre, persil, une petite feuille de laurier, de l'échalote hachée, un filet de vinaigre et on les fait sauter sur le feu jusqu'à ce qu'elles s'ouvrent. Décoquillées, elles permettent de faire des préparations variées.

Les crustacés. — Les homards et les langoustes se cuisent au court-bouillon comme le poisson.

Les crevettes se cuisent à l'eau bouillante fortement salée après avoir été bien lavées; on ajoute à l'eau de cuisson du poivre et une petite feuille de laurier.

Questionnaire. — 1. Comment prépare-t-on le poisson avant la cuisson? — 2. Quels sont les différents modes de cuisson du poisson? — 3. Comment se fait cuire la morue? — 4. Rappelez quels sont les éléments fortifiants contenus dans le poisson. — 5. Comment se font cuire les mollusques et les crustacés?

Devoir. — Énumérer et décrire les différentes préparations que peut recevoir le poisson.

Exercices pratiques. — A la maison vider et écailler le poisson; nettoyer des moules; laver des crevettes grises.

---

34. — Cuisson des légumes,
des pâtes, du riz.

Les légumes secs. — Les légumes secs, haricots, lentilles, pois et fèves, préalablement lavés, ne doivent pas être mis à tremper à l'avance, ce qui leur enlève inutilement une grande partie de leurs principes minéraux.

On met le légume qu'on veut cuire dans une casserole, à l'eau froide, de façon que cette eau le recouvre de l'épaisseur de deux doigts. On fait bouillir tout doucement en ajoutant de temps en temps de l'eau tiède, mais toute l'eau doit être absorbée à la fin de la cuisson.

Un demi-kilogramme de lentilles, pois ou fèves, cuit en 1 heure 1/2 ; un demi-kilogramme de haricots cuit en 2 heures 1/2. On compte qu'il faut pour six personnes 750 grammes de légumes secs.

Les légumes verts. — On *blanchit* les choux et l'oseille qui sans cette opération auraient un goût trop fort.

Blanchir les légumes verts, c'est les faire cuire pendant un quart d'heure dans une première eau pour en adoucir le goût. On jette cette eau et on rince les légumes.

Il ne faut blanchir les légumes verts autres que les choux et l'oseille que lorsqu'ils sont devenus trop durs et il faut alors les cuire à l'eau bouillante. Mais autant que possible il ne faut pas blanchir les légumes verts tels que les salades ou les épinards afin de ne pas leur faire perdre leurs sels minéraux. Ils doivent être cuits à l'étuvée après avoir été lavés soigneusement et coupés, s'il y a lieu.

On met 50 grammes de graisse ou de beurre dans une casserole ; on sale et on poivre et on ajoute le légume quand le corps gras est fondu ; on verse petit à petit la valeur d'un verre d'eau et on fait cuire *doucement* 2 heures, la casserole étant couverte.

Certains légumes, tels que pommes de terre, carottes, navets, topinambours doivent être épluchés, mais il faut avoir soin d'enlever le moins possible de la partie comestible ; on se contente de gratter les carottes lorsqu'elles sont nouvelles. Il arrive souvent que les légumes cuisent mal si l'eau est calcaire : on obvie à cet inconvénient en ajoutant à l'eau de cuisson la moitié d'une cuillère à café de bicarbonate de soude.

Les pâtes alimentaires. — Le macaroni, les nouilles, les « coquilles » doivent cuire 20 minutes à l'eau bouillante.

Le riz. — Le riz est une excellente nourriture trop méconnue parce qu'on ne sait pas le cuire et que, par la faute d'une mauvaise cuisson, on le réduit en bouillie peu appétissante.

On compte 575 grammes de riz pour six personnes. On le lave à l'eau froide et, quand il est égoutté, on le met dans la casserole, recouvert de l'épaisseur de deux doigts d'eau. On sale et on poivre. On fait partir à feu vif *sans remuer* et on modère le feu quand l'eau commence à être absorbée ; on compte 20 minutes de cuisson. Pour éviter que le riz ne s'attache, on met une cuillère de bois posée sur le bord de la casserole et reposant sur le milieu du fond. Si la cuisson est bien faite, le riz doit être sec et les grains ne doivent pas faire pâte. On ajoute environ 50 grammes de beurre avant de servir.

Questionnaire. — 1. Pourquoi les légumes secs ne doivent-ils pas tremper avant la cuisson? — 2. Comment fait-on cuire les légumes secs? quel est le temps de leur cuisson ? — 3. Comment faut-il cuire les légumes verts pour leur conserver toutes leurs qualités? — 4. Comment remédie-t-on à l'excès de calcaire dans l'eau de cuisson? — 5. Comment faut-il cuire les pâtes alimentaires ?

Devoir. — Expliquer comment doit se faire la cuisson du riz.

Exercices pratiques. — Trier des lentilles. — Éplucher des légumes. — Comparer deux ou trois sortes de riz de qualité différente.

35. — Les soupes.

Les soupes sont à la fois une excellente préparation à la digestion et une nourriture saine. La ménagère fera la soupe pour deux jours afin d'économiser du temps et du combustible.

Soupe croûte-au-pot. — La soupe croûte-au-pot se compose de bouillon dont nous donnons plus loin la recette, qu'on jette bouillant dans la soupière sur des croûtes de pain grillé. On ajoute une peluche de fines herbes hachées au moment de servir.

Soupe Crécy. — Les carottes du pot au feu écrasées dans le bouillon constituent la soupe Crécy.

Soupe au chou. — *Matières premières :* 20 grammes de graisse ou de beurre, un petit chou, 2 carottes, 6 pommes de terre, un poireau, un bouquet garni, sel, poivre, 5 litres d'eau. — *Préparation :* Enlever les feuilles dures du chou, éplucher les pommes de terre, gratter les carottes, couper les légumes finement, mettre le tout avec un bouquet garni dans l'eau bouillante, saler, poivrer, laisser cuire doucement comme pour le pot au feu.

Panade. — *Matières premières :* 500 grammes de pain rassis, cassé en morceaux, 15 grammes de beurre, sel, poivre, mettre dans 5 litres d'eau froide. — *Préparation :* Laisser bouillir doucement environ une heure, saler et poivrer ; ajouter le beurre au moment de servir.

Soupe aux légumes secs. — La ménagère utilisera toujours pour la soupe des restes de légumes secs provenant d'un repas antérieur. Les pois, lentilles ou haricots seront réduits en purée et mélangés à deux litres d'eau. On pourrait mélanger des pommes de terre écrasées, s'il ne restait pas assez de légumes secs. On peut aussi ajouter du pain trempé et écrasé pour former bouillie.

Soupe à l'oignon. — *Matières premières :* 5 oignons, 20 grammes de graisse ou de beurre, 50 grammes de fromage de gruyère râpé, 2 cuillerées à bouche de farine, 3 litres d'eau, sel, poivre. — *Préparation :* Hacher très finement les oignons et les faire blondir légèrement dans le beurre; ajouter 3 litres d'eau, sel et poivre; faire cuire une 1/2 heure environ ; verser dans la soupière sur des tranches de pain saupoudrées de fromage râpé.

Toutes les soupes de bouillon, bouillon de choux, soupe à l'oignon, peuvent être rendues plus nourrissantes par l'adjonction de pâtes, vermicelle, tapioca ou semoule.

Soupe aux poireaux et aux pommes de terre. — *Matières premières :* 500 grammes de pommes de terre, 2 poireaux, 50 grammes de beurre, 3 litres d'eau, sel et poivre. — *Préparation :* Couper les pommes de terre et les poireaux très finement, faire cuire une heure et mettre le beurre au moment de servir.

Questionnaire. — 1. Pourquoi la soupe est-elle une bonne nourriture ? — 2. De quoi se composent les « fines herbes ? » — 3. Quelles sont les principales sortes de soupes ? — 4. Pourquoi la ménagère a-t-elle intérêt à faire de la soupe pour deux jours ? — 5. Comment les soupes de bouillon sont-elles rendues plus nourrissantes ?

Devoir. — De toutes les soupes que fait votre maman, quelle est celle que vous préférez ? Indiquez sa préparation.

Exercice pratique. — Faire une panade ou une soupe aux poireaux et aux pommes de terre.

36. — Les ragoûts. — Le pot au feu

Les ragoûts. — Les ragoûts se font avec de la viande de mouton ou de veau de 2e ou 3e catégorie (voir pages 74 et 75). Ils doivent être cuits dans la braisière ou cocotte en fonte; ils sont toujours accompagnés de légumes.

Les ragoûts sont des plats économiques et nourrissants.

Ragoût de mouton. — *Matières premières* pour six personnes : 750 grammes de poitrine de mouton coupée en morceaux, 3 oignons, 6 carottes, 4 navets, 12 pommes de terre, un bouquet garni, 30 grammes de graisse, un litre d'eau environ, une cuillerée à soupe de farine, sel et poivre. — *Préparation :* Faire revenir la viande dans la graisse, mettre les légumes (sauf les pommes de terre) épluchés et coupés en longueur, saupoudrer le tout de farine, ajouter le bouquet garni, saler, poivrer ; mettre de l'eau tiède au niveau des légumes ; laisser cuire deux heures à feu modéré ; ajouter les pommes de terre trois quarts d'heure avant de servir.

Pot au feu. — *Matières premières* pour six personnes : 750 grammes de macreuse, de paleron ou de poitrine, os de la viande, 2 gros poireaux, 5 carottes, 2 navets, un bouquet garni, un oignon piqué de clous de girofle, sel et poivre, 4 litres d'eau. — *Préparation :* Mettre la viande et les os dans la marmite où se trouve l'eau salée et faire cuire à feu modéré. Quand l'eau est en ébullition, enlever l'écume qui se produit, mettre les légumes préalablement épluchés, le bouquet garni et l'oignon ; laisser cuire trois heures régulièrement à petit bouillonnement en ménageant un très petit espace entre la marmite et le couvercle afin qu'il se produise une légère évaporation. Le bouillon doit être dégraissé.

La viande mise à l'eau froide donne un meilleur bouillon, mais la viande mise à l'eau chaude garde plus de principes nutritifs ; la viande mise à l'eau chaude est donc plus profitable.

Questionnaire. — 1. Quels sont les morceaux de viande qui conviennent pour les ragoûts ? — 2. Dans quel récipient doivent-ils cuire ? — 3. Que veut dire : *faire revenir* la viande. — 4. Quels légumes peut-on employer dans les ragoûts ? — 5. Pourquoi est-il bon de dégraisser un peu les ragoûts ?

Devoir. — Décrire la confection d'un pot au feu.

Exercice pratique. — S'exercer à la confection d'un ragoût.

---

37. — Les sauces.

Les sauces. — Les sauces se réduisent à un nombre restreint de préparations ; elles peuvent être servies comme accompagnement de mets ou entrer dans leur composition.

Les roux. — Le roux, qui est la base de beaucoup de sauces, est un mélange de graisse ou de beurre et de farine. Pour économiser du temps, la ménagère peut en faire d'avance, car il se conserve assez longtemps.

Pour faire du roux à garder en réserve, on met un quart de beurre ou de graisse dans une casserole sur un feu vif ; quand le beurre ou la graisse est chaud, on ajoute peu à peu une livre de farine en remuant constamment jusqu'à ce que la préparation soit brune ; on verse le tout dans une terrine et on tient le roux au frais pour être employé quand on en a besoin.

Sauce brune. — La sauce brune se fait en prenant une cuillerée de roux qu'on mélange d'eau en tournant sur le feu jusqu'à ce qu'elle soit suffisamment délayée ; on sale et on poivre.

Sauce piquante — On fait d'abord revenir une échalote et un oignon hachés très fin dans un peu de graisse ou de beurre ; on ajoute une cuillerée de roux ; on délaye avec de l'eau ; on ajoute un filet de vinaigre et des cornichons coupés en rondelles ; on sale et on poivre.

Sauce aux champignons. — La sauce aux champignons est une sauce brune à laquelle on ajoute des champignons coupés qu'on a fait cuire dans de l'eau acidulée d'un peu de vinaigre.

Sauce blanche. — Prendre 30 grammes de beurre, le faire fondre doucement, ajouter peu à peu 2 cuillerées de farine fine et verser petit à petit 3 décilitres d'eau tiède en tournant toujours pour éviter les grumeaux, saler et poivrer. La cuisson se fait en cinq minutes et on laisse ensuite la casserole près du feu jusqu'au moment de servir.

Sauce Béchamel. — La sauce Béchamel se fait comme la sauce blanche, mais en remplaçant l'eau par du lait.

Sauce poulette. — La sauce poulette se fait comme la sauce blanche, mais en ajoutant des fines herbes et du persil haché et en liant avec un jaune d'œuf.

Sauce tomate. — Couper les tomates à pleins morceaux, ajouter un oignon coupé ; mettre de l'eau froide de façon que les légumes soient couverts ; laisser cuire une 1/2 heure ; passer le tout ; mettre 15 grammes de beurre, sel et poivre, un morceau de sucre ; remettre sur le feu et incorporer doucement, en tournant, la moitié d'une cuillerée à café de fécule délayée à l'eau froide.

Sauce mayonnaise. — Mettre dans un bol un œuf bien frais, une cuillerée de vinaigre, sel et poivre; verser goutte à goutte, en tournant toujours, l'huile nécessaire pour arriver à la quantité de sauce voulue.

Sauce rémoulade. — Mettre un jaune d'œuf dans la quantité d'huile nécessaire; ajouter une cuillerée de vinaigre, une petite cuillerée de moutarde, de fines herbes hachées, remuer pour bien lier le tout.

Sauce vinaigrette. — La sauce vinaigrette se fait avec une cuillerée de vinaigre pour trois cuillerées d'huile. On ajoute du poivre, du sel et facultativement un peu de moutarde. Au moment de servir, on ajoute des fines herbes finement hachées, persil, cerfeuil, estragon, échalote et civette à volonté.

Emploi. — Les sauces brunes s'emploient principalement pour accompagner les viandes; les sauces blanches s'emploient surtout pour les poissons et les sauces mayonnaise et rémoulade s'emploient de préférence pour les viandes froides et les poissons froids.

Questionnaire. — 1. Quelle est l'utilité des sauces? — 2. Quelles sont les sauces les plus usitées? — 3. Quelles sont celles qui s'emploient de préférence avec les viandes chaudes et froides? — 4. Les sauces améliorent-elles les légumes? — 5. Apportent-elles des éléments nutritifs aux menus des repas?

Devoir. — On dit quelquefois : « La sauce fait passer le poisson ». Cela n'est-il pas vrai dans une certaine mesure? Quelles sauces font valoir : 1° le poisson bouilli chaud; 2° le poisson bouilli froid?

Exercice pratique. — Faire une sauce rémoulade.

38. — Les farces, les fritures.
les assaisonnements et les condiments.

Les farces. — Les farces peuvent servir dans un grand nombre de préparations alimentaires et il est utile d'en connaître la composition. Elles sont particulièrement employées pour l'utilisation des restes.

La *farce maigre* se fait avec de la mie de pain trempée dans du lait, de fines herbes hachées et, facultativement, un œuf dur haché.

La *farce grasse* se fait comme la farce maigre, mais sans œuf dur. On utilise les restes de viande cuite hachée, auxquels on ajoute de la chair à saucisses ou un peu de gras de jambon.

La *farce de poisson* se fait comme la farce grasse, mais en remplaçant les restes de viande par des restes de poissons.

Les fritures. — Les fritures se font soit à la graisse, soit à l'huile.

Les fritures à l'huile sont les plus faciles à digérer; elles conviennent surtout pour les poissons.

La graisse à frire se prépare en mélangeant une partie de panne de porc (soit 250 grammes) avec une partie de graisse de rognon de veau (soit 250 grammes) et une demi-partie de graisse de rognon de bœuf (soit 125 grammes); on fait fondre le tout pendant une heure et l'on verse ensuite la graisse à frire dans un pot de grès pour s'en servir quand on en a besoin.

La friture se fait dans une grande bassine où l'on met suffisamment de graisse pour que l'aliment y baigne. On reconnaît que la friture est assez chaude quand elle frissonne à la surface et qu'elle fume.

Lorsque la friture est terminée, on décante avec soin la graisse et on la remet dans le pot. La manipulation de la graisse à frire exige quelques précautions parce qu'elle pourrait s'enflammer au contact du feu du fourneau.

Pâte à frire. — On enrobe souvent l'aliment à frire dans une pâte composée de 125 grammes de farine, une pincée de sel, 5 pincées de sucre, une grande cuillerée d'huile et 6 grandes cuillerées d'eau. L'objet à frire est plongé dans la pâte et immédiatement après dans la friture. On accommode de cette façon les croquettes, les beignets, des légumes cuits comme des salsifis, certains poissons comme le merlan, etc. C'est une excellente façon d'utiliser les restes.

Les assaisonnements et les condiments. — Les assaisonnements et les condiments ont pour but de relever le goût des aliments afin qu'ils soient moins fades.

On assaisonne une salade pour six personnes avec de l'huile et du vinaigre à raison de trois cuillerées à soupe d'huile pour une de vinaigre. Le vinaigre sert aussi à relever le goût de certains plats et de certaines sauces.

Les principaux condiments sont le *sel* et le *poivre*, l'*échalote*, l'*ail*, le *thym*, le *laurier*.

Les *condiments exotiques* réveillent l'appétit et stimulent les fonctions de l'estomac. Outre le *poivre*, ces principaux condiments sont les *clous de girofle* et la *noix muscade*. Pour les entremets sucrés on emploie la *vanille*, la *cannelle*, le *zeste de citron* et l'*anis*.

Fabrication familiale du vinaigre. — La ménagère a tout intérêt à faire elle-même le vinaigre de la maison. Elle se sert pour cela d'une petite tonne de bois ou mieux d'un vase de grès, muni d'un robinet à la partie inférieure (fig. 25). Elle y introduit ce qu'on appelle une *mère de* *vinaigre* qui est un ferment spécial. Puis elle y verse du vin qui se transforme en vinaigre au bout de quelques

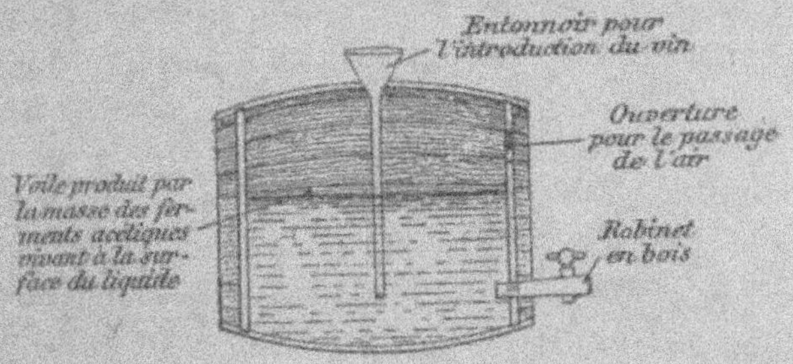

FIG. 23. — FUT POUR LA FABRICATION FAMILIALE
DU VINAIGRE.

semaines. A mesure qu'elle tire du vinaigre, elle le remplace par du vin, blanc de préférence.

Questionnaire. — 1. A quoi servent les farces ? — 2. Quelles sont les différentes sortes de farces ? — 3. Avec quoi se font les fritures ? — 4. Qu'entend-on par *assaisonnement* et *condiment* ? En citer. — 5. Le sel n'est-il qu'un condiment ?

Devoir. — Décrire la fabrication familiale du vinaigre à la maison.

Exercice pratique. — Assaisonner une salade.

---

39. — Le lait, le beurre, le fromage, les œufs.

Le lait. — Le lait joue un grand rôle dans notre alimentation et sa valeur nutritive est considérable. Il contient des albumines, des graisses, des hydrates de carbone, des sels minéraux. Additionné de pain, il constitue un aliment complet.

Malheureusement, il contient souvent des germes de

maladie, tels que ceux de la tuberculose ou de la fièvre typhoïde, quand il provient de vaches malades. Il subit aussi de nombreuses souillures qui tiennent, d'une part, à ce qu'il est additionné frauduleusement d'eau souvent malpropre, ou, d'autre part, qu'il a été contenu dans des récipients insuffisamment nettoyés.

Il est donc indispensable de stériliser le lait par la chaleur pour qu'il soit sans danger.

Pour le faire bouillir, la ménagère doit mettre le lait dans une casserole très propre et assez grande pour que le lait ne la remplisse qu'à moitié. Elle passera d'abord un peu d'eau froide dans cette casserole pour empêcher que le lait ne s'attache au fond et ne prenne le goût de roussi.

La ménagère doit savoir que le lait n'est pas bouilli quand il a simplement « *monté* ». Elle doit crever avec la cuillère la peau qui s'est formée et laisser bouillir encore le lait environ cinq minutes pour qu'il soit parfaitement stérilisé.

Le bon lait est d'une couleur blanc jaunâtre et sa surface se recouvre rapidement d'une couche de crème. Le mauvais lait est d'une couleur bleuâtre et fournit très peu de crème.

Le beurre. — Le beurre s'altère facilement ; il est donc indispensable de le tenir au frais. La ménagère, qui peut se procurer du beurre pur quand il est abondant et par conséquent meilleur marché comme dans les mois d'avril et de mai, doit en faire provision ; elle pourra le conserver tout l'hiver en le salant après l'avoir lavé soigneusement ; il faut environ 40 grammes de sel pour 500 grammes de beurre.

On conserve aussi le beurre en le faisant fondre au bain-marie. Lorsqu'il est devenu transparent, au bout de deux heures environ, on l'écume et on le met dans des pots de grès qu'on tient au frais.

Le fromage. — Le fromage est un excellent aliment qui a de grandes qualités nutritives; il contient notamment beaucoup de sels minéraux. C'est un aliment tout préparé qui a l'avantage de ne demander aucune cuisson.

Les œufs. — Les œufs constituent un aliment de premier ordre, particulièrement le jaune, mais il faut que l'œuf soit très frais ou très bien conservé. On reconnaît sa fraîcheur en le *mirant*, c'est-à-dire en l'interposant entre l'œil et la lumière : il doit être transparent et n'avoir qu'un très faible vide à l'extrémité.

Pour vérifier le degré de fraîcheur d'un œuf, on peut aussi le plonger dans l'eau fortement salée. L'œuf remonte à la surface quand il n'est pas frais parce qu'avec le temps il est devenu plus léger par l'évaporation de l'eau qu'il contenait.

La ménagère peut faire sa provision d'œufs pour l'hiver à l'époque où ils sont le moins chers, vers le mois de mai. Pour les conserver, il faut les soustraire à l'action de l'air : pour cela on les enveloppe dans du papier non imprimé, le papier imprimé pouvant communiquer un goût désagréable aux œufs, ou bien on les range dans une caisse par couches successives dans du sable, de la cendre, du poussier de charbon de bois, de la sciure, en ayant soin de les séparer et de les aligner de façon qu'ils portent sur le gros bout.

Questionnaire. — 1. Quelle est la valeur nutritive du lait ? — 2. Pourquoi est-il indispensable de faire bouillir le lait avant de le consommer ? — 3. A quoi se reconnaît le bon lait et le mauvais lait ? — 4. Comment conserve-t-on le beurre ? — 5. La valeur nutritive du fromage est-elle importante ?

Devoir. — Indiquer la façon de s'assurer que les œufs sont frais et décrire le procédé de conservation des œufs.

Exercices pratiques. — Examiner les différentes parties d'un œuf. — Mirer des œufs. — Faire bouillir du lait.

40. — Utilisation du lait et des œufs.

Les crèmes. — Le lait, mélangé aux œufs, est la base d'une grande quantité de plats et particulièrement d'entremets.

Leur mélange, dans la proportion de 5 œufs pour un litre de lait et 60 grammes de sucre, que l'on fait épaissir à une chaleur douce, forme les *crèmes*. On peut les parfumer à la vanille, au chocolat (à raison de 200 grammes de chocolat qu'on fait fondre dans le lait) ou au caramel. Ce dernier parfum s'obtient en faisant fondre et blondir le sucre dans la casserole avant d'y mettre le lait.

On peut faire aussi des crèmes sans œufs en versant dans un litre de lait chaud une cuillerée à soupe de maïzana ou de fécule, préalablement délayée dans de l'eau froide. On laisse cuire trois minutes et on laisse refroidir. On ajoute la vanille, le chocolat ou le caramel comme aux autres crèmes.

Les œufs à la coque, mollets, durs. — Les œufs ne servent pas seulement aux entremets. En les plongeant à l'eau bouillante dans leur coquille, on obtient les œufs à la coque si on les y laisse 5 minutes. Pour faire les *œufs mollets*, on les y laisse 5 minutes, puis on les décoquille après les avoir plongés à l'eau froide. *Les œufs durs* doivent rester au moins 10 minutes dans l'eau bouillante. On peut servir les œufs durs ou les œufs mollets sur des légumes verts ou des légumes secs : épinards, chicorée, purée de pommes de terre.

Les œufs en omelette. — Pour faire une omelette ordinaire pour six personnes, casser six œufs dans une terrine, saler et poivrer, ajouter trois cuillerées de lait, battre les œufs vivement jusqu'à ce qu'ils soient mousseux ; faire fondre 60 grammes de beurre dans une poêle très propre, à feu doux ; verser les œufs et faire cuire en remuant constamment avec la fourchette. Quand les œufs sont pris, mais moelleux, on glisse l'omelette sur le plat en la repliant.

L'omelette peut se varier par l'addition de croûtons de pain, de fines herbes, de fromage, de lard ou d'oseille et même de confiture si l'on veut en faire un entremets. On peut en augmenter beaucoup le volume en y ajoutant, avant qu'elle soit repliée, un reste de riz, de légumes secs, de légumes frais ou de viande hachée.

L'omelette à la farine se fait avec six cuillerées de farine, 4 œufs, un tiers de litre de lait, 60 grammes de beurre. Délayer petit à petit la farine dans le lait de façon à faire une pâte bien lisse ; ajouter les œufs et laisser reposer deux heures ; mettre le beurre dans une poêle un peu large, le faire fondre et verser le mélange en remuant la poêle pour que la pâte s'étale. Quand la pâte est cuite d'un côté, la retourner de l'autre et la faire glisser sur le plat *sans la plier.*

Les œufs sur le plat. — Les œufs sur le plat se font dans un plat allant au feu. Faire fondre 30 grammes de beurre, casser soigneusement les œufs les uns à côté des autres, poivrer et saler, faire cuire à feu doux jusqu'à ce que le blanc soit pris.

Les œufs brouillés. — Les œufs brouillés se font également dans le plat. Casser les œufs dans une terrine, saler et poivrer ; faire fondre 30 grammes de beurre ; verser dans le plat les œufs préalablement battus ; les remuer jusqu'à ce qu'ils commencent à épaissir.

Questionnaire. — 1. Comment fait-on une crème avec ou sans œufs ? — 2. Combien de temps faut-il pour cuire les œufs à la coque

coque? les œufs mollets? les œufs durs? — 3. Décrivez la préparation de l'omelette à la farine. — 4. Comment prépare-t-on les œufs sur le plat et les œufs brouillés? — 5. Un plat d'œufs peut-il constituer un plat de résistance et à quelles conditions?

Devoir. — Dire la façon de faire une omelette et d'en augmenter la valeur nutritive.

Exercice pratique. — Faire cuire un œuf à la coque : un œuf sur le plat.

---

41. — Menu d'une semaine.

LUNDI. — *Déjeuner* : Carottes au lard. Pommes de terre robe de chambre. Fromage.
Dîner : Panade. Lentilles. Fruits.

MARDI. — *Déjeuner* : Ragoût de veau ou de mouton. Fromage.
Dîner : Soupe aux lentilles. Œufs mollets aux épinards. Confiture.

MERCREDI. — *Déjeuner* : Chou aux saucisses. Fromage.
Dîner : Soupe aux poireaux et pommes de terre. Nouilles aux œufs. Fruits.

JEUDI. — *Déjeuner* : Bifteck haché sauce brune. Pommes de terre maître d'hôtel. Fromage.
Dîner : Soupe à l'oignon. Pommes de terre farcies. Charlotte de pommes.

VENDREDI. — *Déjeuner* : Poisson. Pommes de terre à l'eau. Fromage.
Dîner : Soupe au chou. Pois ou haricots. Confiture.

SAMEDI. — *Déjeuner* : Pot au feu. Riz. Fromage.
Dîner : Soupe croûte-au-pot. Macaroni au gratin. Fruits.

Dimanche. — *Déjeuner* : Côtelette ou bifteck. Pommes de terre frites. Fruits.

Dîner : Soupe Crécy. Omelette à la farine. Salade. Tête de nègre.

Le menu qui précède motive quelques observations. Il a été établi avec la préoccupation de tenir compte de la nécessité de choisir les aliments dans chacune des catégories que nous avons indiquées (page 65.) La ménagère pourra le varier facilement en tenant compte des indications de notre tableau d'alimentation (page 67). Elle s'efforcera d'utiliser les restes. Elle pourra même économiser la cuisson en préparant certains aliments en quantité plus grande que cela est nécessaire pour le jour même. Les restes serviront, en ce qui concerne par exemple les légumes secs, à faire la soupe le lendemain. La ménagère pourra également avoir toujours en cas de besoin des pommes de terre cuites à l'avance ; elles se conservent plusieurs jours sans s'altérer quand on ne les pèle pas.

Nous avons cherché à indiquer des plats économiques. Mais il n'est pas possible d'établir un prix de revient, car les prix varient suivant les régions et suivant ce que la ménagère a chez elle à sa disposition.

Nous avons indiqué plus haut, dans notre menu, deux entremets seulement, mais nous en donnerons d'autres recettes ; les entremets ne sont pas des gourmandises : ce sont d'excellents aliments, telles les pâtisseries de famille.

Dans l'établissement de ses menus, la ménagère veillera toujours à ce que le repas de midi soit plus substantiel que celui du soir.

gent réalisée par la ménagère qui fait des préparations pouvant servir pour deux repas.

Devoir. — Établissez le menu d'un repas, et dites les raisons qui ont déterminé votre choix.

---

42. — Recettes concernant les plats du menu détaillé à la leçon précédente.

Les recettes suivantes sont établies pour une famille de six personnes.

Carottes au lard. — *Matières premières* : 500 gr. de lard, 1 kilog 500 de carottes, 2 verres d'eau, sel et poivre. — *Préparation* : Faire revenir le lard dans la braisière en ajoutant deux verres d'eau ; pendant qu'il est sur le feu, éplucher les carottes et les couper en long. Quand le lard est cuit, le retirer sur un plat ; mettre les carottes dans la graisse de la braisière, saler et poivrer ; remettre le lard sur les carottes ; laisser cuire une heure et demie ; couper le lard au moment de servir.

Pommes de terre en robe de chambre. — Cuire dans l'eau salée 3/4 d'heure en ayant soin que l'eau soit au niveau des pommes de terre.

Chou aux saucisses. — *Matières premières* : 1 gros chou, 6 saucisses, 1 oignon, 50 grammes de graisse, sel et poivre, 3/4 de verre d'eau. — *Préparation* : Laver le chou soigneusement, ôter les grosses côtes après avoir retiré les feuilles vertes et dures ; cuire les feuilles à l'eau salée pendant 3/4 d'heure ; les retirer de la casserole, les laver à l'eau froide ; les hacher finement, ce qui les rend beaucoup plus digestibles. Jeter l'eau de la casserole ; y mettre la graisse et y faire blondir légèrement l'oignon finement coupé. Y ajouter le chou, verser dessus 3/4 de verre d'eau, saler et poivrer ; mettre les saucisses sur le chou ; couvrir la casserole et laisser cuire vingt minutes.

Nouilles aux œufs. — *Matières premières* : 500 gr. de nouilles, 6 œufs durs, 6 cuillerées à bouche de sauce tomate, 50 grammes de fromage de gruyère râpé. — *Préparation* : Cuire les nouilles, couper les œufs durs en deux, mettre la moitié des nouilles dans un plat légèrement beurré, disposer dessus les œufs durs ; saupoudrer de la moitié du fromage ; remettre le reste des nouilles ; verser la tomate sur le tout et mettre sur le dessus du plat le reste du fromage mélangé de chapelure avec quelques noisettes de beurre. Cuire au four 20 minutes.

Bifteck haché. — *Matières premières* : 500 gr. de viande, 100 gr. de pain, 1 verre de lait, 30 gr. de graisse, fines herbes hachées, sel, poivre. — *Préparation* : Hacher finement la viande de bœuf qu'on peut prendre de troisième catégorie, tremper le pain dans le lait, saler et poivrer ; bien mélanger le tout, lui donner la forme de biftecks ronds et aplatis ; faire cuire dans la poêle où l'on a mis la graisse ; servir avec une sauce brune.

Pommes de terre maître d'hôtel. — *Matières premières* : 1 kilog. 500 de pommes de terre, 40 gr. de beurre, persil haché, sel et poivre. — *Préparation* : Faire cuire les pommes de terre épluchées et coupées en rondelles pendant une 1/2 heure dans l'eau salée ; les retirer pendant que l'eau bout encore ; les prendre avec l'écumoire et les déposer dans le légumier ; mettre le beurre fondre dans une petite casserole et, quand il est fondu, le verser sur les pommes de terre et répandre le persil haché.

Pommes de terre farcies. — *Matières premières* : 6 grosses pommes de terre, 250 gr. de farce grasse, 60 gr. de graisse, sel et poivre. — *Préparation* : Éplucher les pommes de terre, les couper dessous pour qu'elles tiennent sur leur base, les faire cuire 20 minutes à l'eau salée, les retirer de l'eau et les creuser à l'intérieur. Remplir le vide de farce grasse, recouvrir de chapelure et mettre une noisette de beurre. Mettre la graisse dans la braisière et, quand elle est fumante, ranger les pommes de terre; saler et poivrer. Au bout de 20 minutes, ajouter un verre d'eau tiède, couvrir la braisière et laisser mijoter à feu doux pendant 3/4 d'heure.

Macaroni au gratin. — *Matières premières* : 500 gr. de macaroni, 60 gr. de fromage de gruyère râpé, 40 gr. de beurre, un demi-verre de lait, sel et poivre. — *Préparation* : Cuire le macaroni à l'eau salée, le mettre dans un plat légèrement beurré dans lequel on verse un demi-verre de lait ; alterner macaroni et fromage ; terminer par une couche de fromage et une de chapelure et quelques morceaux de beurre ; laisser au four 20 minutes.

Pommes de terre frites. — Les pommes de terre, étant épluchées, coupées et essuyées dans un torchon, sont plongées dans la friture chaude jusqu'à ce qu'elles soient de couleur blonde. Il est bon de les mettre égoutter dans une passoire à mesure qu'elles sont faites afin qu'elles perdent leur excès de graisse ; les saler au moment de servir.

Nota. — Les recettes du menu page 98 qui ne se trouvent pas dans cette leçon sont réparties dans les autres leçons.

Questionnaire. — 1. Quel est l'avantage des légumes farcis? — 2. Quelles qualités présentent les préparations qui comportent du lard et des saucisses? — 3. Pourquoi les choux sont-ils plus digestibles quand ils sont finement hachés? — 4. Pourquoi le bifteck haché est-il économique? — 5. Pourquoi les plats de nouilles et de macaroni ont-ils une valeur nutritive de premier ordre?

Devoir. — Vous avez vu l'une de vos parentes, originaire d'Alsace, confectionner elle-même les nouilles qu'elle emploie pour sa cuisine ; dites comment elle s'y prend.

---

43. — Les restes des repas.

Utilisation des restes. — L'art d'*accommoder* les restes des repas constitue une partie importante de la cuisine familiale économique, car rien ne doit se perdre dans un ménage ordonné.

Avec les restes, la ménagère peut confectionner des plats variés qui sont d'autant moins coûteux que les éléments en sont déjà cuits. Utilisés avec discernement, ils constituent une excellente nourriture.

Avec un ou plusieurs restes de viande, on fait un hachis, en ayant soin d'enlever au préalable les nerfs, la peau et les os. On ajoute un peu de chair à saucisse ou de gras de jambon et on augmente le volume à l'aide de pain trempé dans du lait et bien écrasé. Le hachis peut être servi avec du riz ou avec une purée de légumes secs. Il fera aussi d'excellentes croquettes.

Les restes de poissons font des soufflés et des croquettes. Ils sont parfois servis froids dans une salade de légumes verts ou de pommes de terre. On peut en garnir aussi des coquilles Saint-Jacques.

Avec les restes de légumes secs (lentilles, pois, haricots), on fait des soupes très nourrissantes auxquelles on peut ajouter un reste de riz et des pâtes alimentaires. Les restes de légumes secs et de pâtes peuvent également augmenter le volume et la valeur nutritive d'une omelette ; pour cela on les fait réchauffer et on les verse sur l'omelette avant de la replier. Les restes de légumes se servent en julienne en mettant plusieurs sortes de légumes ensemble. Saupoudrés de fromage et de chapelure et passés au four, ils font un excellent plat. On peut également plonger les restes de certains légumes, tels que les salsifis ou les choux-fleurs, dans de la pâte à frire et les passer ensuite à la friture.

Les restes de pain ne doivent jamais être perdus; légèrement grillés, ils se conservent plusieurs semaines et peuvent servir à faire de la chapelure. Les restes de pain servent aussi à faire des panades. Enfin ils peuvent être utilisés dans nombre d'entremets qui constituent une nourriture particulièrement économique et agréable au goût.

Les restes de graisse, sauf la graisse de mouton, doivent être soigneusement recueillis. Les graisses de rôtis de bœuf peuvent très avantageusement remplacer le beurre dans la pâtisserie familiale.

Questionnaire. — 1. Quelle est l'utilité de savoir tirer parti des restes ? — 2. Comment utilise-t-on les restes de poissons? — 4. De quelles façons utilise-t-on les restes de légumes et de pain? — 5. Montrer comment en cuisine aucun reste ne doit se perdre mais peut être ingénieusement utilisé?

Devoir. — Indiquer les différents plats qu'on peut confectionner avec des restes.

Exercices pratiques. — S'exercer à faire un hachis de viande. — Faire de la chapelure.

---

44. — Le sucre. — Les fruits.

Le sucre. — Le pouvoir nutritif du sucre est considérable et le sucre a une grande importance dans l'alimentation. Il nous donne la chaleur et la force, et nous devons lutter contre le préjugé qui le fait considérer comme une simple gourmandise.

Beaucoup d'aliments contiennent du sucre, particulièrement les *fruits frais* ou *secs*, qui pour cela sont une excellente nourriture.

Les fruits. — Les fruits *frais* les plus sucrés sont le raisin, les cerises, les poires et les bananes (fig 26). Ces dernières sont un aliment très nourrissant et leur utilisation mérite d'être généralisée. De crainte de souillures, les fruits frais doivent toujours être lavés avant d'être mangés.

Les fruits cuits sont en général d'une digestion plus

FIG. 26. — LES PRINCIPAUX FRUITS.

facile que les fruits crus. Les compotes et les confitures sont spécialement à recommander.

Les fruits *secs* qui contiennent beaucoup de sucre sont particulièrement les *dattes*, les *figues*, les *pruneaux* et les *abricots*. Les fruits *desséchés* peuvent faire des compotes très agréables. Comme pour les fruits secs, on les lave et on les met tremper une heure dans l'eau dans laquelle ils doivent cuire. Pour 500 grammes de fruits, on ajoute environ six morceaux de sucre et on laisse cuire 3/4 d'heure.

Les fruits *amylacés* (noix, noisettes, amandes) se recommandent par leur valeur nutritive et leur teneur en matière minérale, spécialement les amandes. Elles contiennent en quantité notable de la chaux, du phosphore et du fer.

Les *châtaignes* méritent d'avoir une place dans notre alimentation. Bouillies à l'eau salée, avec adjonction de grains d'anis pour les parfumer, elles sont un mets agréable et très nourrissant.

Questionnaire — 1. Quel est le rôle du sucre dans notre organisme? — 2. Quels sont les fruits qui contiennent le plus de sucre? — 3. Les noix, les noisettes et les amandes se recommandent-elles par leur valeur nutritive? — 4. L'usage de la banane, qui s'est généralisé depuis une dizaine d'années, est-il justifié? — 5. Les jeunes gens qui font des sports et se livrent à des exercices violents mangent du sucre pendant leurs exercices : pourquoi?

Devoir. — Faites par ordre de préférence la liste des fruits que vous aimez le mieux et dites pourquoi certains vous plaisent particulièrement.

Exercice pratique. — Laver ou essuyer les fruits dont on ne connaît pas la provenance.

---

45. — Pâtisserie et entremets.

La pâtisserie de famille, tartes et entremets notamment, est le plus heureux complément d'un repas, cela grâce aux divers éléments qui entrent dans sa composition : farine, beurre, sucre, œufs et lait.

Tarte. — *Matières premières pour la pâte* : 150 grammes de farine, 80 grammes de beurre ou de graisse de rôti de bœuf, sel fin, un quart de verre d'eau. — *Préparation* : Pétrir la farine et le beurre vivement et légèrement; faire un puits au milieu de la pâte, y verser l'eau et pétrir de nouveau rapidement. Étendre la pâte au rouleau et la placer sur un moule à tarte; ranger sur cette pâte des fruits frais ou conservés (pommes coupées en tranches minces, abricots ou prunes coupés et dénoyautés, cerises dénoyautées). Mettre cuire au four doux 20 minutes après avoir répandu un peu de sucre en poudre sur la tarte.

Charlotte de pommes à la poêle. — *Matières premières* : 200 grammes de mie de pain, 500 grammes de pommes, 2 œufs, 6 morceaux de sucre, 1 cuillerée à café de poudre de cannelle, 60 grammes de beurre ou de graisse de rognon de veau. — *Préparation* : Faire une compote de pommes à laquelle on mélange les deux œufs et la cannelle; émietter finement la mie de pain, mettre le beurre ou la graisse dans une poêle et, quand il est fondu, étaler la moitié de la mie de pain dans le fond de la poêle. Étaler par-dessus la compote de pommes et une troisième couche composée du reste de mie de pain. Quand le dessous se détache de la poêle en un bloc, retourner doucement le gâteau sur une assiette; faire glisser de nouveau le gâteau dans la poêle pour dorer l'autre côté; ajouter un peu de beurre ou de graisse. Mettre sur un plat; saupoudrer de sucre et tracer des raies avec une tringle de fer rougie au feu pour faire caraméliser le sucre; servir chaud, tiède ou froid à volonté.

Tête de nègre. — *Matières premières* : 25 grammes de chocolat, 60 grammes de semoule fine, 60 grammes de sucre en poudre, 3/4 de litre de lait, vanille. — *Préparation* : Faire fondre dans le lait chaud le chocolat et le sucre. Quand le lait est bouillant, ajouter la semoule en pluie en tournant constamment sur le feu jusqu'à ce que le tout forme une bouillie compacte, ce qui demande environ 10 minutes. Rincer un grand bol ou une petite terrine de façon qu'il reste humecté d'eau froide. Verser le mélange et le démouler au bout de trois heures dans une assiette.

Cruchade. — *Matières premières* : 200 grammes de farine de maïs, 125 grammes de beurre, 60 grammes de sucre en poudre, 3/4 de litre d'eau. — *Préparation* : Faire chauffer l'eau et verser le maïs en pluie dans la casserole, sur le feu, jusqu'à ce qu'on obtienne une pâte bien lisse et épaisse qu'on laisse reposer une journée en l'étalant sur un plat.

Couper la pâte en tranches régulières; faire frire dans le beurre; servir en saupoudrant de sucre.

Crêpes. — *Matières premières* : 250 grammes de farine, 2 œufs, 1 cuillerée de rhum, 1 demi-cuillerée d'huile d'olive, 1 pincée de sel, 1 demi-litre de lait. *Préparation* : Délayer dans une terrine la farine avec du lait. Ajouter petit à petit le reste des ingrédients et le reste de lait. Laisser reposer la pâte, bien lisse, pendant quelques heures.

Enduire la poêle à l'aide d'un papier graissé. Verser une cuillerée de pâte et tourner la poêle pour étendre la pâte également. Quand la pâte est cuite d'un côté, la retourner pour qu'elle cuise de l'autre côté. Glisser la crêpe dans une assiette et la saupoudrer de sucre.

Pommes de terre en copeaux. — *Matières premières* : 6 grosses pommes de terre, sucre en poudre, friture. — *Préparation* : Couper les pommes de terre en copeaux après les avoir pelées; faire frire de couleur blonde; servir en saupoudrant de sucre.

Questionnaire. — 1. Pourquoi la pâtisserie de famille est-elle mieux et plus qu'une gourmandise ? — 2. Quels sont les plus faciles à faire et les plus économiques de ces pâtisseries et entremets? — 3. Quelles substances entrent le plus généralement dans la fabrication de la pâtisserie? — 4. Comment fait-on une tarte? — 5. Qu'entend-on par « entremets »?

Devoir. — Quel plat sucré la fillette choisira-t-elle pour fêter son anniversaire? En donner la recette.

Exercice pratique. — S'exercer à faire une pâte-pâtisserie.

46. — Conserves alimentaires.

Les conserves. — Les conserves sont des substances alimentaires que l'on soustrait à l'action de l'air et des microbes qu'il contient afin de pouvoir les garder long-temps.

Il ne faut pas se dissimuler que les substances mises en conserves perdent une partie de leurs qualités nutritives ; néanmoins les conserves offrent un grand intérêt, car elles permettent de varier agréablement le menu familial.

Dans un ménage modeste, il n'est pas nécessaire de faire des conserves de viande et de poisson. Les seules conserves qui rendent vraiment des services sont celles de légumes et de fruits. Tous les légumes peuvent se mettre en conserve, mais il n'est utile de garder que ceux qu'on ne peut pas se procurer pendant l'hiver.

Les conserves les plus utiles sont celles de *haricots verts*, de *petits pois* et de *tomates*.

Il faut apporter la plus grande propreté à la préparation des conserves : propreté des mains, de la table sur laquelle on opère, des ustensiles et des récipients.

Conserves de haricots verts et de petits pois. — Les légumes à conserver doivent être parfaitement sains, tendres et *fraîchement cueillis*. Lorsqu'ils sont épluchés, on les sépare par catégories de grosseur. On les plonge deux à trois minutes dans l'eau bouillante afin de les net-toyer en ajoutant une cuillerée à café de sel par litre d'eau et une cuillerée à café de bicarbonate de soude pour quatre litres d'eau pour conserver la couleur verte, puis on met quelques instants les légumes dans l'eau froide.

Cette première opération étant terminée, on range les

légumes dans les récipients où ils doivent être stérilisés, soit simplement des bouteilles, soit des bocaux spéciaux munis d'une garniture de caoutchouc destinée à les fermer parfaitement. Les bouteilles ou bocaux soigneusement lavés doivent être ébouillantés avant d'y introduire les légumes.

Les légumes étant rangés dans les verres, on verse dessus de l'eau contenant environ 20 grammes de sel par litre, ce qui constitue la *saumure*, dont on a soin de ne pas remplir complètement les verres. Puis on bouche hermétiquement ; les bouteilles ordinaires sont fermées par un bouchon ficelé, et on procède alors à la stérilisation.

Pour cette opération, la lessiveuse familiale convient parfaitement. On y dispose les récipients entourés de foin pour éviter la casse. On les recouvre d'eau froide qu'on porte à ébullition pendant environ deux heures. On laisse refroidir dans la lessiveuse ; lorsque les bouteilles sont froides, on les cachette à la cire par-dessus le bouchon.

Conserves de tomates. — Le procédé le plus simple consiste à faire une purée épaisse qu'on passe au tamis ; on l'introduit ensuite dans des bouteilles d'une contenance d'un demi-litre qu'on stérilise comme les légumes, mais seulement pendant une 1/2 heure environ.

Conserves de fruits. — Les cerises, les prunes et les abricots étant essuyés et débarrassés de leurs queues, on les ébouillante pendant quelques secondes et on les plonge à l'eau froide ; on les range ensuite dans les récipients. Les poires et les pêches sont épluchées après avoir été ébouillantées et sont coupées en quartiers. Quand les fruits sont rangés, on verse dessus un sirop obtenu en faisant bouillir de l'eau et du sucre dans la proportion de 500 grammes de sucre par litre d'eau. On ferme hermétiquement les récipients et on fait bouillir pendant

20 minutes environ, à compter du moment où l'ébullition
a commencé.

Les conserves doivent être gardées dans un endroit
frais, sec et obscur.

Questionnaire. — 1. Qu'est-ce que des conserves ? — 2. Pourquoi fait-on des conserves ? — 3. Quels sont les conserves les
plus utiles à faire ? — 4. Pourquoi importe-t-il que les haricots
verts à mettre en conserve soient fraîchement cueillis ? — 5. Qu'appelle-t-on « faire la stérilisation » des légumes et comment s'opère-
t-elle ?

Devoir. — Comment fait-on les conserves de fruits ? quels fruits
met-on en conserve le plus généralement ?

---

47. — Les confitures.

Les confitures. — Les confitures sont une précieuse
ressource dans un ménage. Elles doivent être faites
lorsque les fruits sont en pleine maturité. La même
recette s'applique aux confitures de *fraises*, de *cerises* et
de *framboises*, sauf qu'il faut dénoyauter les cerises.

Peser les fruits et les faire cuire dans une bassine
environ 20 minutes; ajouter par petite quantité un poids
de sucre égal au poids des fruits frais; cuire encore pendant une heure.

Pour les *prunes* et les *abricots*, faire macérer les fruits
dénoyautés pendant un jour avec autant de sucre que de
fruits. Faire cuire une heure sans eau.

Les *groseilles* et les *mûres* se font en gelée. Enlever les
rafles des groseilles; mettre le fruit dans une bassine
sans eau. Laisser cuire jusqu'à ce qu'il se produise un
bouillon. Étaler un torchon sur une terrine, y mettre le
fruit, laisser égoutter et tordre le torchon pour extraire
ce qui reste de jus. Faire ensuite un *sirop* : prendre un

poids de sucre égal au poids de jus; mettre de l'eau dans la bassine (un verre d'eau par kilog); ajouter le sucre et remuer fréquemment jusqu'à ébullition. On reconnaît que le jus est cuit en trempant une écumoire dans la bassine; en refroidissant, le jus forme sur l'écumoire de petites perles. On remet alors le jus dans la bassine et on laisse cuire 20 minutes.

Potiron à l'orange. — Éplucher 4 kilogrammes de potiron, couper la pulpe en morceaux, mettre juste assez d'eau dans la bassine pour que les morceaux de potiron ne s'attachent pas. Une fois cuit, passer en purée. Remettre sur le feu avec 200 grammes de sucre par demi-kilogramme de pulpe. Ajouter le jus de deux oranges ainsi que le zeste coupé en fines lamelles. Laisser cuire environ une demi-heure et mettre en pots.

Potiron et abricots secs. — Choisir un potiron pas trop mûr. Enlever l'écorce et les pépins, couper la pulpe en petits morceaux. Mettre dans un vase de terre, par couches successives, sucre, potiron et abricots en alternant, à raison de 1 kilog. d'abricots pour 4 kilog. de potiron et 5 kilog. de sucre. Laisser macérer au frais 12 à 15 heures, puis verser le tout dans une bassine à confitures et faire cuire à feu doux pendant deux heures en remuant souvent. Si les quantités indiquées sont dépassées, prolonger la cuisson d'une demi-heure ou d'une heure.

Questionnaire. — 1. Pourquoi les confitures sont-elles dans un ménage une ressource précieuse? — 2. Dans quelle saison doivent-elles être faites? — 3. Peuvent-elles se conserver indéfiniment? — 4. Quels sont les fruits dont on fait le plus souvent des confitures? — 5. Le jour où l'on fait les confitures à la maison, quelle part les fillettes peuvent-elles prendre utilement à ce travail?

Devoir. — Comment fait-on une gelée de fruits?

48. — Approvisionnement en denrées.

La ménagère devra s'efforcer de faire ses achats avec discernement et le plus économiquement possible. Elle devra tout payer au comptant et s'adresser de préférence aux sociétés coopératives qui existent maintenant presque partout. Elle y trouvera à bon compte l'épicerie et les différents articles de ménage. Elle doit particulièrement se méfier des maisons qui vendent avec primes, l'avantage apparent qui résulte pour l'acheteur étant toujours en fin de compte payé par lui ou prélevé sur la qualité de la marchandise.

Pour les légumes, la ménagère a intérêt à les acheter au marché où ils sont souvent plus frais parce qu'ils viennent directement de la campagne. Quant à la viande de boucherie elle devra de préférence l'acheter chez un boucher attitré et consciencieux afin de n'être pas exposée à prendre de la viande provenant de bêtes malades.

Partout elle fera ses achats avec soin, s'assurant de leur qualité et de leur prix et contrôlant soigneusement le poids de ce qui lui est vendu.

Elle devra faire certaines provisions à l'entrée de l'hiver et avoir à la cave des pommes de terre et des carottes. Elle peut les avoir meilleur marché en les achetant par quantités. Elle économise ainsi le temps d'achat au marché et n'a pas chaque jour une lourde charge à rapporter.

Elle saura faire aussi une provision de vin, acheté à la barrique. Elle l'aura beaucoup plus économiquement et, connaissant la provenance, elle ne s'exposera pas à faire boire aux siens du vin falsifié et malsain.

D'une façon générale, la ménagère doit toujours avoir une petite provision de chaque chose et la compléter au fur et à mesure de la consommation. Elle évitera ainsi d'inutiles allées et venues à la recherche de ce qui manque au dernier moment.

Questionnaire. — 1. Comment la ménagère doit-elle faire ses achats? — 2. Est-ce une bonne affaire que d'acheter dans des maisons qui vendent avec primes? — 3. Pourquoi doit-on acheter les légumes au marché de préférence? — 4. Montrer par un exemple qu'il y a profit à faire sa provision de vin à la barrique plutôt que de l'acheter au litre. — 5. Dites ce que vous savez du fonctionnement des coopératives et pourquoi elles peuvent vendre à bon marché.

Devoir — Montrer que « savoir acheter » est une des qualités indispensables à la bonne ménagère.

---

49. — Les boissons : eau, vin, bière, cidre.

L'eau. — Nous avons vu (page 12) l'importance de l'eau dans notre organisme. Elle est la seule boisson qui nous soit indispensable; elle nous fournit aussi une partie des sels minéraux dont nous avons besoin. Nombreux sont les peuples qui ne boivent que de l'eau et forment cependant des races vigoureuses.

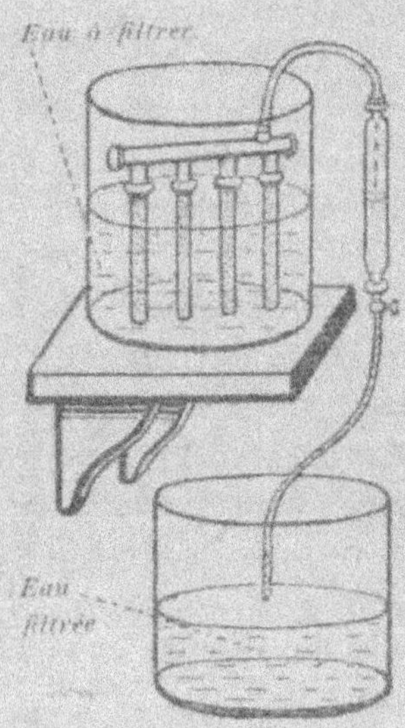

Fig. 27.
FILTRE CHAMBERLAND
AVEC EAU SANS PRESSION.

Mais l'eau n'est une boisson saine qu'à condition d'être parfaitement pure; or, elle est souvent contaminée et peut contenir des germes dangereux. Il arrive souvent, à la campagne sur-

Fig. 28.
FILTRE MAILLÉ.

tout, que l'eau des puits est rendue dangereuse par le voisinage des fumiers ou des matières organiques en décomposition qui sont entraînés par les eaux de pluies. Il faut donc veiller à l'installation hygiénique du voisinage de l'habitation ; il ne faut jamais non plus laver le linge sale, et principalement le linge des malades, dans le voisinage des puits.

Il est toujours prudent de filtrer l'eau quand on n'est pas parfaitement certain de sa pureté (fig. 27 et 28). Il est surtout bon de faire bouillir l'eau de boisson pendant 10 à 12 minutes ; on fait cela le soir afin que l'eau ait le temps de s'aérer à nouveau jusqu'au lendemain : seule une ébullition assez prolongée détruit les microbes.

Les boissons fermentées. — Les principales boissons fermentées sont *le vin*, *la bière*, et *le cidre*. L'usage peut en être recommandé aux adultes à condition qu'il soit modéré.

Coupé d'eau, le *vin* constitue une boisson saine et tonique contenant des principes fortifiants ; le vin ne devient nuisible que si l'on en abuse.

Il est souvent falsifié et la ménagère qui possède une cave devra faire sa provision de vin au tonneau. Elle y trouvera, nous l'avons déjà dit, beaucoup plus d'économie qu'en achetant le vin à la bouteille.

Produit de la fermentation de l'orge et du houblon, la *bière* est la boisson des pays où la vigne ne pousse pas. C'est une boisson agréable et saine surtout si elle est prise avec modération.

Il en est de même du *cidre* qui s'obtient par la fermentation du jus de pommes.

Questionnaire. — 1. A quelles conditions l'eau mérite-t-elle d'être considérée comme la meilleure des boissons ? — 2. Comment l'eau peut-elle être contaminée ? — 3. Comment peut-on purifier l'eau de boisson ? — 4. Qu'appelle-t-on boissons fermentées ? — 5. A quelles conditions peut-on faire usage des boissons fermentées ?

Devoir. — Quelles sont les principales boissons fermentées et avec quoi sont-elles fabriquées ?

Exercice pratique. — Nettoyer un filtre.

50. L'alcool. — L'alcoolisme.

Nous venons de montrer (leçon 49) le rôle bienfaisant des boissons fermentées consommées modérément, mais leur abus produit l'ivresse qui est un vice dégradant et humiliant.

L'ivresse paralyse momentanément le cerveau et les membres. Celui qui a la faiblesse de s'y laisser aller perd tout sentiment de dignité. Il n'a plus la libre disposition de sa volonté et peut se livrer aux pires excès.

Mais l'abus des boissons fermentées, si dangereux qu'il soit, n'est rien en comparaison des ravages causés par l'alcool. Celui-ci est le produit de la distillation des vins, des pommes de terre, des graines, etc. Certains de ces alcools sont nocifs alors même qu'ils n'amènent pas l'ivresse.

L'abus de l'alcool est un des fléaux de l'humanité. L'alcoolisme fait monter le niveau des crimes; il peut engendrer la folie; il amène l'empoisonnement de tout l'organisme et ses ravages atteignent l'estomac, le foie, les reins, le cœur, le système nerveux; il prédispose à la tuberculose.

Le travailleur se figure volontiers que le vin et l'alcool l'aident à accomplir ses travaux en lui donnant plus de force. C'est là une erreur qu'il devrait constater lui-même, car à une excitation trompeuse succède bien vite une fatigante dépression.

L'ivrogne ne ruine pas seulement sa santé : il compromet le modeste budget de sa famille. On a calculé que, en s'empoisonnant, l'alcoolique peut dépenser au moins le tiers de son salaire. A-t-on calculé aussi les dépenses causées par les maladies entraînées par l'alcoolisme et le chômage qui en résulte?

La mère de famille peut se défendre et défendre les siens contre un tel danger.

En rendant l'intérieur du logis agréable, en donnant à tous une nourriture saine et bien préparée, elle éloignera son mari du cabaret et lui donnera le sentiment plus net de ses devoirs.

Questionnaire. — Que produit l'abus des boissons fermentées? — 2. Quels sont les ravages causés dans l'organisme par l'abus de l'alcool? — 3. Quelle est l'action de l'alcool sur la volonté? — 4. — L'usage de l'alcool n'entraîne-t-il pas des dépenses considérables pour celui qui s'y adonne? — 5. Pourquoi le logis sain et agréable éloigne-t-il le père de famille du cabaret?

Devoir. — Montrer comment la femme et la jeune fille ont un rôle à remplir dans la lutte contre l'alcool.

51. Le café. Le thé. Le chocolat.

Le café. — Le café est une boisson aromatique qui se prépare avec les grains de café torréfié et moulu. Il facilite la digestion, excite l'organisme et augmente sa résistance à la fatigue.

Il peut être dangereux pour le cœur et provoque des insomnies si l'on en abuse.

Mélangé au lait, il est, pour les adultes, une excellente nourriture pour le premier déjeuner du matin.

Par mesure d'économie on ajoute quelquefois de la chicorée au café, particulièrement pour le café qu'on doit mélanger au lait; on compte par personne une cuillerée à entremets de café moulu (soit 10 grammes) et une petite cuillerée de chicorée pour un verre d'eau (200 grammes). On met le café et la chicorée dans la cafetière et on verse petit à petit l'eau bouillante dans le récipient.

On remplace quelquefois le café par une infusion de

graines de céréales torréfiées : c'est ainsi que le malt donne une infusion très acceptable.

Le thé. — Le thé a à peu près les mêmes propriétés que le café. On compte par personne une petite cuillerée à café de feuilles pour 200 grammes d'eau. On fait bouillir l'eau et on la verse dans la théière en laissant infuser cinq minutes.

Il faut éviter d'employer le thé vert qui est beaucoup plus excitant que le thé noir.

Le chocolat. — Le chocolat est un aliment très nourrissant composé de cacao et de sucre. Il contient beaucoup de matières grasses et d'albumine. Il peut se manger cru, ou mélangé au lait et à l'eau, ce qui le fait entrer dans un grand nombre d'entremets.

La graisse qu'il contient le rend par fois difficile à digérer : certains estomacs le supportent difficilement.

Questionnaire. — 1. Le café et le thé sont-ils des boissons hygiéniques et à quelle condition? — 2. Le café au lait est-il une bonne nourriture? — 3. Comment peut-on rendre le café plus économique? — 4. De quoi est fait le chocolat? Est-il nourrissant et pourquoi? — 5. Pourquoi ne convient-il pas à certains estomacs?

Devoir. — Comment prépare-t-on le café noir?

Exercice pratique. — S'exercer à faire une tasse de thé.

52. — Alimentation du nouveau-né.
Vaccination.

Alimentation du nouveau-né. — L'effrayante mortalité qui sévit sur les enfants en bas âge est presque toujours due à des erreurs d'alimentation. Il est donc indispensable que la mère de famille en connaisse les règles et s'y conforme strictement.

Le lait qui convient le mieux au nourrisson est celui de la mère ; il doit être sa nourriture exclusive, au moins jusqu'au neuvième mois.

Le nombre des tétées doit être de six à sept en vingt-quatre heures. Elles doivent être espacées de trois heures pendant le jour et il faut autant que possible supprimer les tétées de la nuit afin de respecter le sommeil de l'enfant. C'est là une règle un peu difficile à établir et qui demande une certaine énergie car il faut laisser pleurer l'enfant la nuit jusqu'à ce qu'il s'habitue à un sommeil régulier.

La durée de la tétée doit être de dix à quinze minutes environ.

Il n'y a pas de règle absolue quant à la quantité de lait que l'enfant doit prendre : on doit surtout se guider sur l'augmentation du poids. Cependant on peut dire d'une façon générale que la ration de lait doit être augmentée à partir du second jour de la naissance de 10 en 10 grammes par tétée, c'est-à-dire qu'elle doit être de 70 grammes par tétée au bout de sept jours jusqu'au bout du premier mois ; puis, augmentant de 10 en 10 grammes par mois pour chaque tétée, soit 80 grammes pour le second mois et ainsi de suite jusqu'au onzième mois. La consommation atteindra alors à peu près un litre par jour. Rien ne doit être donné à l'enfant dans les premiers mois en dehors de la tétée, tout autre aliment que le lait pouvant être considéré comme un poison pour le nourrisson.

La plus grande régularité doit être observée dans les heures d'alimentation.

Lorsque pour une raison ou pour une autre, la mère ne peut nourrir elle-même, il faut recourir à l'allaitement artificiel et donner du lait de vache à l'aide du biberon.

Le lait destiné à l'enfant doit être parfaitement pur et tenu dans des récipients soigneusement lavés et fermés. Il doit toujours bouillir au moins pendant *cinq minutes*, si l'on veut assurer la destruction des microbes dangereux. Le biberon et la tétine seront plongés pendant cinq minutes chaque jour dans l'eau bouillante pour être parfaitement stérilisés. La quantité de lait donnée au biberon est la même que celle donnée au sein. La composition du lait de vache n'étant pas la même que celle du lait de la mère, le lait de vache doit être coupé d'eau *bouillie* et *sucrée*. On verse dans le biberon, avant d'y mettre le lait, une quantité de 15 grammes d'eau chaude soit la valeur d'une cuillerée à soupe. Cette quantité d'eau reste toujours la même et, la quantité de lait augmentant, la proportion d'eau diminue automatiquement par rapport à la quantité de lait. On cesse d'ajouter de l'eau quand la ration de lait atteint 140 grammes.

La quantité de sucre est d'un demi-morceau par biberon dans le premier mois et d'un morceau entier à partir du second mois.

L'enfant ne doit jamais prendre plus d'un litre de lait par jour. S'il n'augmente pas de poids, ce qui indique que sa ration est insuffisante, on pourra, vers le huitième mois, remplacer sa ration de lait, une fois d'abord, puis deux fois dans la journée, par une bouillie extrêmement claire qui devra être prise au biberon. Cette bouillie, très bien cuite, devra contenir la quantité habituelle de lait du biberon et une cuillerée de farine. On augmentera la dose de farine d'une ou deux cuillerées, si l'enfant ne progresse pas. L'enfant doit augmenter d'environ 25 grammes par jour dans les cinq premiers mois et de 12 grammes par jour dans les mois suivants; il doit avoir doublé son poids de naissance à cinq mois et l'avoir triplé en un an.

L'enfant doit se salir *chaque jour* plusieurs fois pendant les premiers mois et les matières évacuées doivent être d'un beau jaune; la couleur verte des selles indique une mauvaise digestion et un défaut dans l'alimentation.

Le nourrisson sera tenu avec la plus scrupuleuse propreté et baigné chaque jour. La tête savonnée dans le bain ne doit jamais avoir de croûtes. Le berceau doit être parfaitement propre et non imprégné d'urine qui dégage une odeur malsaine. L'enfant sera lavé chaque fois qu'il s'est sali et il sera poudré afin que sa peau ne s'abîme pas.

Il doit respirer l'air pur et sortir aussi souvent que possible. Mais il ne faut pas oublier que le nouveau-né est particulièrement sensible au froid et il convient de prendre, à ce point de vue, les précautions nécessaires.

Vaccination. — L'enfant doit être vacciné dès les premiers mois de sa naissance et revacciné au bout de quelques années.

Questionnaire. — 1. Quelles sont les règles principales de l'alimentation du nourrisson? — 2. Jusqu'à quel âge ne doit-il prendre que du lait? — 3. Comment doit-on assurer la propreté des récipients qui servent à l'alimentation du nourrisson? — 4. A quel âge peut-il commencer à prendre des bouillies? — 5. Dites quelles déplorables habitudes concernant l'alimentation peuvent amener une mortalité infantile considérable.

Devoir. — Décrivez la toilette de l'enfant et les soins de propreté dont il doit être l'objet.

Exercices pratiques. — Nettoyer un biberon. — Préparer un biberon.

---

53. — Alimentation de l'enfant.

Régime alimentaire des enfants. — Après le douzième mois, l'enfant doit prendre une nourriture plus substantielle, surtout si les premières dents ont apparu.

Aux bouillies très légères peuvent succéder les bouillies plus épaisses absorbées à la cuillère. Les repas sont alors espacés et peuvent être au nombre de cinq par jour. Le régime peut comprendre, le matin de bonne heure : 200 grammes de lait, la même quantité vers 9 ou 10 heures, une bouillie à midi, 200 grammes de lait à 4 heures, une bouillie à 7 heures. Si l'enfant ne progresse pas suffisamment, on peut ajouter une bouillie au réveil et donner une croûte de pain à 9 heures. On doit arriver progressivement jusqu'à quatre cuillerées de farine par bouillie.

On peut commencer aussi à ajouter du jaune d'œuf aux bouillies : un demi-jaune d'œuf par bouillie quatre fois par semaine, puis on augmente progressivement de semaine en semaine jusqu'à ce qu'on arrive à quatre jaunes d'œufs par semaine.

La bouillie doit être faite avec le plus grand soin et très bien cuite. On délaye petit à petit la farine dans une tasse en y versant à froid quelques cuillerées de lait. Quand le mélange est parfaitement fait, on verse le contenu de la tasse dans le reste du lait, sur le feu, et on tourne continuellement pour éviter les grumeaux jusqu'à ce que la bouillie soit bien lisse. Elle doit cuire quinze à vingt minutes.

On peut varier les farines : farine d'orge si l'enfant est constipé, farine de riz si l'enfant est dérangé ; la farine d'avoine est particulièrement fortifiante.

L'enfant arrive ainsi au seizième ou dix-huitième mois. A ce moment ses repas pourront être réduits à quatre. Le matin, lait ou bouillie ; à midi, soupe aux pommes de terre, aux pois ou aux lentilles, un œuf très frais à la coque. A quatre heures, une tasse de lait avec tartine. A 7 heures du soir, bouillie de phosphatine ou bouillon de légumes au tapioca.

On peut ajouter au menu de l'enfant à l'un ou à l'autre des repas, suivant son appétit et l'état de son intestin, un petit fromage suisse, sucré et délayé dans du lait, un pudding à la semoule, des crèmes légères ou de la compote de fruits passée.

A deux ans, l'enfant commence à être alimenté davantage. Le repas du matin pourra comprendre une bouillie bien cuite (quaker oats) ; au repas de midi, de la cervelle ou du poisson bouilli, un peu de viande blanche d'abord, puis de la viande rouge. A 4 heures, une tasse de lait et le soir une purée de légumes farineux ou un œuf, et de la compote de fruits qui aide les fonctions de l'intestin.

L'enfant dans les premières années ne doit prendre ni thé ni café. Il ne doit boire de vin, de bière ou de cidre qu'après dix ans. Jusque-là, l'eau doit être sa seule boisson.

L'enfant arrivera petit à petit à pouvoir prendre sa part de la nourriture familiale à condition qu'elle ne soit ni lourde ni épicée.

La nourriture de l'adolescent doit être particulièrement abondante et fortifiante pour subvenir aux besoins de l'organisme pendant la période de croissance.

Questionnaire. — 1. Que doit manger l'enfant à la fin de la première année? — 2. Que peut-on ajouter à la bouillie? — 3. Doit-on varier les farines destinées à l'enfant et pourquoi? — 4. Quelle nourriture doit-on donner à l'enfant de deux ans? — 5. Pourquoi la nourriture de l'adolescent doit-elle être particulièrement copieuse?

Devoir. — Comment se prépare la bouillie de l'enfant?

---

54. — Petite pharmacie de ménage. — Tisanes. — Cataplasmes.

Pharmacie familiale. — La mère de famille doit toujours avoir sous la main une petite pharmacie dont elle se sert en cas d'accident, ainsi que quelques morceaux de vieux linge bien propres et un paquet de ouate hydrophile pour pansements.

L'*arnica*, à raison d'une petite cuillerée dans un verre d'eau, est excellent en compresses pour les contusions.

La *teinture d'iode* s'applique avec un petit tampon d'ouate sur une écorchure pour empêcher qu'elle ne s'envenime.

L'*acide borique*, à raison de 5 grammes de poudre pour un verre d'eau bouillante, est un désinfectant qui peut servir de gargarisme lors d'un commencement de mal de gorge.

Les infusions. — Les tisanes se font par infusion en versant de l'eau bouillante sur une substance végétale et en laissant infuser pendant quelques minutes. L'infusion de *camomille* est excellente pour les indispositions de l'estomac et des intestins; on met 5 fleurs pour la valeur d'une tasse à thé.

L'infusion de *tilleul* s'emploie comme calmant; on met une pincée de follicules et fleurs par tasse.

L'infusion des *quatre fleurs* est excellente contre les rhumes.

Les décoctions. — La décoction a pour but d'extraire d'une substance, par ébullition, les principes médicamenteux qu'elle peut contenir. La décoction de *riz* ou eau de riz s'emploie contre la diarrhée à raison de 150 grammes de riz bien lavé préalablement, par litre d'eau. Faire bouillir lentement pendant 20 minutes.

La décoction d'*orge* est rafraîchissante. Faire bouillir pendant deux heures deux poignées d'orge dans un litre d'eau, en remplaçant l'eau d'évaporation; passer à travers un linge.

La décoction de certaines *céréales* (maïs, avoine, blé, seigle) est particulièrement fortifiante pour les enfants et très utile pour combattre la déminéralisation. Mettre une grande cuillerée de chacune de ces quatre céréales pour 2 litres d'eau et faire bouillir pendant deux heures jusqu'à ce que ce soit réduit à un litre. A noter que cette décoction ne se conserve pas plus d'une journée.

Le cataplasme. — Le cataplasme agit sur une partie malade par ses qualités émollientes. On verse de l'eau tiède sur de la *farine de lin* et on tourne avec une cuillère de bois jusqu'à ce qu'on obtienne une bouillie épaisse. On la met entre deux mousselines et on fait l'application en ayant soin que le cataplasme ne soit pas trop chaud. On enveloppe d'une toile gommée et d'une serviette pour conserver la chaleur.

L'adjonction d'un peu de *farine de moutarde* saupoudrée sur le cataplasme constitue un *sinapisme* qui agit comme révulsif en attirant le sang vers la peau.

Questionnaire. — 1. Est-il utile d'avoir sous la main une petite pharmacie familiale? — 2. Que doit-elle comprendre principalement ? — 3. Qu'est-ce qu'une infusion ? Indiquez les principales infusions et leurs propriétés. — 4. Qu'est-ce qu'une décoction ? Indiquez deux décoctions et leurs propriétés. — 5. Que veut dire « un sinapisme agit comme révulsif » ?

Devoirs. — Comment se font un cataplasme simple et un cataplasme sinapisé ? — Expliquez ces trois mots : infusion, décoction, macération. Donnez des exemples.

Exercice pratique. — Faire une infusion de tilleul.

TABLE DES MATIÈRES

VI. — Hygiène de l'alimentation.

VII. — Hygiène de la première enfance.

87.846. — Paris, imprimerie Lahure, 9, rue de Fleurus.